U0559574

词误百说

曹志彪 著

上海咬文嚼字文化传播有限公司

上海文化出版社

图书在版编目(CIP)数据

词误百说 / 曹志彪著 . -- 上海：上海文化出版社，
2024. 9. --（咬文嚼字文库）. -- ISBN 978-7-5535
-3011-6

I. H136

中国国家版本馆 CIP 数据核字第 2024SD8477 号

词误百说

曹志彪 著

责任编辑：蒋逸征
装帧设计：王怡君

出　版：上海文化出版社　上海咬文嚼字文化传播有限公司
地　址：上海市闵行区号景路 159 弄 A 座 2—3 楼
邮　编：201101
发　行：上海市闵行区号景路 159 弄 A 座 206 室
印　刷：上海景条印刷有限公司
规　格：889×1194　1/32
印　张：6.625
版　次：2024 年 9 月第 1 版　2024 年 9 月第 1 次印刷
书　号：ISBN 978-7-5535-3011-6/H.077
定　价：38.00 元

告读者：如发现本书有印刷质量问题请与印刷厂质量科联系
电　话：021-59815621

出 版 说 明

　　"咬文嚼字文库"是一套开放性的丛书。它以语言文字的研究和运用为主要内容，由上海咬文嚼字文化传播有限公司策划并组织出版。"慧眼书系"是其中的一个系列，在具体写法上，大致分为四个板块：

　　一是病例。 题一例或数例，它们来之于现实语文生活，又有差错的典型性。

　　二是诊断。就错论错，一语中的。明确指出错在哪里，错误性质，以及如何修改。

　　三是辨析。在要害处说道理，要让人知其然，还要知其所以然。

　　四是链接。由点到面，融会贯通，由此及彼，举一反三。

　　这套丛书力求体现出三个特点：

　　一是内容的针对性。不拍脑袋，不想当然，不玩概念，一切从语文生活的实际出发。

　　二是经验的实用性。要把话说到位，揭示语言中隐藏的规律，概括出一目了然的要点，让人看了能懂，懂了会用，而且记忆深刻。

　　三是解析的学理性。从一字一词入手，又不拘泥于一字一词，巧妙贯串文字学、词汇学、语法学的知识，以使全书具有整体感。

这套丛书特别适合三类读者阅读：

一是媒体从业人员。书中大量病例，也许会让他们有似曾相识的感觉。希望媒体人都能有一双善于咬文嚼字的慧眼。

二是中学教师。书中深入浅出的解说，可以成为中学语文教材的有益补充，直接应用于课堂教学。

三是高校文科学生。一册在手，轻松阅读，有利于完善自己的知识结构，更能训练出文字敏感。

这套丛书在阅读过程中，很可能出现三种情况：

一是如鱼得水，如遇知友，疑问迎刃而解，思路豁然开朗。这正是我们所期待的。

二是不时遇到障碍，感觉枯燥乏味。这时您千万要坚持一下。语言毕竟是门科学，离不开钻研二字，但只要闯过这道关，便会渐入佳境，悟到其中的妙处。

三是脑子中出现了问号，您不一定赞同书中的观点。这是读书的最高境界。我们愿意和您做进一步的讨论。

啰里啰唆，就此打住。让我们开始读吧。

目录

坏事才能称"百出"

［错例］ 1.这场农家春节联欢晚会的节目趣味百出，为节日期间的乡村增添几分喜庆色彩。

2.通过这次写作专题讲座的学习，同学们进一步懂得了写议论文如何做到创意百出。

【诊断】

不明"百出"的感情色彩致误。"百出"指出现的次数或种类很多，多含贬义，如"丑态百出""错误百出"。在上两例中，以"百出"搭配"趣味"和"创意"，不合适。可将例1中的"趣味百出"改为"趣味无穷"，将例2中的"创意百出"改为"创意频出"。

【辨析】

"百出"一词见于《新唐书·艺文志一》："历代盛衰，文章与时高下。然其变态百出，不可穷极，何其多也！""百"在这里表示很多。"变态百出"是说自古以来文章形态风格变化万千，多种多样。可见"百出"最初是中性词，后来渐渐演变为含有贬义，在明清小说中就十分常见了。如元末明初罗贯中《三国演义》："操诡计百出，必以河北为重，亲自监督，却故意不建旗号，乃于此处虚张旗号：吾意操必不在此。"

现代汉语中"百出"有贬义色彩。《现代汉语词典》里"百出"释为"出现的次数或种类非常多（多含贬义）"。《现代汉语规范词典》里"百出"释为"多次出现；以多样形式出现（多含贬义）"。《辞海》里"百出"释为"形容出现次数很多"，如"错误百出""矛盾百出"。《汉语大词典》里释为"犹言层出不穷"，除了"变态百出"外，举例还有"丑态百出""错误百出"等。

"百出"在语言中出现的位置比较固定，一般作四字格主谓结构里的谓语，构成"××百出"。而且出现在其前面的词语基本上表示消极意义，比如"错误、笑料、花招、洋相、蹊跷、怪事、误会、问题、诡计、破绽、漏洞、舛讹"等等。即使词语所指事物本身在一般情况下并不带消极意义，如"状况"，而一旦接上"百出"，暗指的也是不好的状况。

【链接】"百出"与"迭出"

"百出"和"迭出"都可以用来表示事物出现的频次很多，但是两者也有区别。

一是"迭出"主要指事物或情况反复出现，而"百出"不但表示多次出现，还强调每次出现的情形变化多端。

二是"迭出"可用于具有积极义、中性义或消极义的对象，而"百出"多用于具有消极义的对象。

数量减少不用"倍"

[错例] 1. 该国橡胶收入 1951 年为 9770 万美元，
1954 年惨跌至 4390 万美元，即减少一倍
以上。
2. 交警设卡拦截查获犯罪嫌疑人的案件
数显著下降，两年减少 9 倍。

【诊断】

　　对"倍"所表示的数量关系理解有误。"倍"作量词
一般用于数目的增加，不宜用于数量的减少。例 1 中"减少
一倍以上"可改为"减少一半以上"。例 2 的"两年减少 9 倍"
可改为"两年减少九成（90%）"。

【辨析】

　　量词"倍"是指"跟原数相等的数，某数的几倍就是
用几乘某数"，说某数的几倍就是几个某数相加的结果，也
就是某数乘几的结果。由于"倍"表示与原数相等的数，如
果把"倍"用于数量减少的情况，那么减少一倍，就是减少
一个与原数相等的数，结果就为零了，如果减少一倍以上，
那结果就成了负数。

　　因此，"倍"作为量词一般用于数目的增加，与表
示增加的词语搭配使用。大致可以分两类：一类是表示事
物前后数量发生了变化的动词，如"增""增加""增
强""扩大""升""升高""上升""上涨""升值"
等；另一类是表示两个事物的数量进行比较后的结果，常
用"大""多""长""重""高""粗""好""快""厚"

"远""强""贵"等形容词。

量词"倍"不能用于"往小里说",不能和表示"减少"义的词语搭配使用。表示"减少"义的词,有用来表示变化的"减""减少""减弱""缩小""降""降低""下降""下跌""下滑""贬值"等动词,还有用来表示比较后结果的"小""少""短""轻""低""细""差""慢""薄""近""弱""便宜"等形容词。

【链接】"增加了 N 倍"和"增加到了 N 倍"

在表示数量增长时,我们经常会说"增加了 N 倍"或者"增加到了 N 倍",两者表达的意思是有区别的。

"增加了 N 倍"表示增加部分的数量是原数的 N 倍,即比原来"多了 N 倍"的意思。例如"今年的产量比原产量增加了三倍",就是说今年的产量在原产量基础上再增加了三个原产量那么多,也就是达到了原产量的四倍。还可以说"增加 N 倍""大 N 倍""多 N 倍""增长 N 倍""多增 N 倍"等等。

"增加到了 N 倍"意思是在某个数量基础上经过一定的变化后,它变为原来的 N 倍。例如"某城市人口从一百万增加到了三百万",我们可以说这个城市的人口"增加到了三倍"。类似说法还有"是 N 倍""为 N 倍""增加为 N 倍"等等。

因此,"增加了 N 倍"的结果总要比"增加到了 N 倍"的结果多一倍,换句话说,"增加了 N 倍"的结果等于"增加到了 N+1 倍"的结果。还要注意,"增加到了 N 倍"中 N 通常要大于 1,如果说"增加到了(原来的)一倍",事实上并没有增长。

"变本加厉"变更糟

[错例] 1.这种诗的生活，发源于中国，到日本而变本加厉，益加显著。

2.在进步的激励下，他像吃了兴奋剂一样变本加厉地努力。

【诊断】

不明"变本加厉"感情色彩致误。"变本加厉"形容变得比原来更严重了，常指不好的情况，含贬义。上述两例中用"变本加厉"都不妥，例1可改为"得到发扬"，例2可改为"更加"。

【辨析】

"变本加厉"语本南朝梁萧统《〈文选〉序》："盖踵其事而增华，变其本而加厉。物既有之，文亦宜然。""本"意思是原本，"厉"是猛烈、厉害。原本指的是在本来的基础上进一步发展，但是后来意思起了变化，多用来指状况变得比原来更加严重，含有贬义。例如清代吴趼人《二十年目睹之怪现状》："大约当日河工极险的时候，曾经有人提倡神明之说，以壮那工人的胆，未尝没有小小效验；久而久之，变本加厉，就闹出这邪说诬民的举动来了。""变本加厉"在使用时最常见的问题就是忽略其贬义色彩，要多加注意。

另外要注意的是，"更加变本加厉"这一说法也是有问题的。"变本加厉"中"加"本就是"更加"的意思，再用"更加"就叠床架屋了，应删除。

【链接】不是"变本加利"

　　生意场上，"本"和"利"是两个回避不了的字。"本"指本金、本钱，"利"指盈利、利润。这两个字常连在一起说，如常见的成语有"将本求利""本小利薄""本大利宽""一本万利""连本带利"等。可能受此影响，成语"变本加厉"也常被错写成"变本加利"。

　　"变本加厉"这个成语，意思是情况比原来更加严重(含贬义)。这里的"本"指本来、原来，和本钱没有关系；"厉"指猛烈、厉害、严厉，和利润也不是一回事。因此，"变本加厉"的"厉"写作"利"是错误的。顺便说一下，"厉"也不能写作"励"。"励"指鼓励、勉励、奖励，和"厉"的含义大不一样。

"不可理喻"的对象只能是人

[错例] 1.他们相互将手中的木头刀枪，心不在焉地碰一下，口中作吆喝状，就表示已经打过一场战争。这对外国人来讲，是不可理喻的。

2.凡此种种，如果仅仅把翻译出版当作一种职业，那简直就是不可理喻的，然而，如果把翻译出版当作一种事业，所有这些行为便又都在情理之中。

【诊断】

不明"不可理喻"词义而致误。"不可理喻"常用来形容人蛮横固执，不讲道理，以上两例却用来表达对某些做法和行为不理解、不认同，显然用错了。可将例1中的"不可理喻"改为"不能理解"，将例2中的"不可理喻"改为"不可思议"。

【辨析】

"不可理喻"中的"理"义为"用道理"，"喻"义为"使……明白"。该成语的意思是无法用道理使他明白，常用来形容人固执愚昧或态度蛮横、不讲道理。与"蛮不讲理"义近。如明代沈德符《万历野获编》："要之，此辈不可理喻，亦不足深诘也。"

然而"不可理喻"常被误用，主要原因有两方面：一是望文生义，将"不可理喻"的"理喻"误当成了"理解"，原本要表达的是对方不讲道理，结果变成了对对方（行为表现等）的不能理解；二是对象混淆，"不可理喻"的对象通常是不讲道理的人，而不是某个事物或行为、做法。如果说"李某真不可理喻"，"李某"应是不可"理喻"的对象，表明他是不讲道理的人。但是，如果说"这样的事真让人不可理喻"，"理喻"的受事方就搞错了，因为事情本身是无法用道理去说服的。

【链接】说"喻"

"喻"字原来写作"諭"（简化字为"谕"），是一个形声字，义符为"言"，声符为"俞"，本义为"告知"。"喻"作为"谕"的异体字逐渐接替其绝大部分功能。现在"谕"只用在"上谕""圣谕""手谕""面谕"等表示以上告下的几个词语中。

"喻"本义为"告知"，如《史记·齐悼惠王世家》："使使喻齐王及诸侯。"意思是派使者告知齐王和其他诸侯。后引申为"开导、晓喻"，如《后汉书·隗嚣公孙述列传》："今略举大端，以喻吏民。"意思是现在大概列举他的主要罪行，以此来晓喻官吏和百姓。成语"喻之以理""不可理喻"中的"喻"也是这个意思。又由"开导"引申出"明白、懂得"，如《论语·里仁》："君子喻于义，小人喻于利。"意思是说：君子懂得的是道义，小人懂得的是利益。成语"家喻户晓"中"喻"就是这一用法。要让人明白，常打比方，所以"喻"又引申出了"打比方"，如"王好战，请以战喻"。意思是说：大王喜欢战争，就让我用战争来打比方。所以后来打比方也叫"比喻"。

留心"不日"的搭配

[错例] 1.记得那是乍暖还寒的清晨,不日前京城的一场浅浅的降雪尚未融化。

2.不日之前,在没有人在家的情况下,村里的干部和拆迁办的人以及一些不认识的人,用挖掘机把房子给拆了。

【诊断】

不了解"不日"的词义和词性致误。"不日"表示要不了几天,几天之内(多用于未来),作副词。以上两个例句中"不日"和"前"连用的搭配就不合理,"不日"可改为"不久"。

【辨析】

"不日"原本是一个短语,意思就是没过去多少日子。如《北齐书·魏收传》:"侯景叛入梁,寇南境,文襄时在晋阳,令收为檄,五十余纸,不日而就。"后来渐渐凝固成一个词,在现代汉语中作副词用,义为"过不了几天",如"大战不日打响""不日离沪返京"。

使用"不日"时要注意两点。一是"不日"表示经历的时间不长,但具体天数不确定;二是以某个时间(通常是说话的时间)为基点往后(未来)计算,所以后面通常可以加上表示未来的"将",如"不日(将)抵沪"。从功能上看,"不日"作为副词,一般用作状语,修饰限制动词性词语,不能等同于表示时长的名词性成分"不多/很少的几天",不能用作主语、宾语和定语。所以,不宜说"不日之前",

同理，"不日之后"这样的说法也是错的。

　　和"不日"意思相近的词语有"不久"，也表示时间上距离某个时期或某件事情不远。"不久"是一个形容词，我们可以说"不久之前""不久以后"等。

【链接】"不日"与"指日""即日"

　　"指日"在《汉语大词典》中的解释是"犹不日。谓为期不远"。也就是说"指日"和"不日"都有强调时间不会太久的意思。

　　"指日"和"不日"一样原本是文言词组，如唐代韩愈《送进士刘师服东归》诗："还家虽阙短，指日亲晨餐。"在现代汉语中，"指日"主要保留在一些固定短语中，如"指日成功""指日可待""指日高升""指日可下"等，已极少单独使用，而"不日"仍在单独使用。

　　"指日"本义为指定时日，往往偏重对未来的预期，如"指日可成""指日可下"都是如此。而"不日"本义是不用多少时日，可以用于陈述客观事实，如"他在美国开完学术会议，不日就乘机回国了"。

　　《现代汉语规范词典》还提醒我们"不日"与"即日"的区分。"即日"是名词，指当天或近几天，如"该片即日上映"。"不日"侧重表示具体日期不确定，而"即日"强调日程已经确定，语气肯定。

注意"不无"的双重否定义

［错例］ 1. 上班时把孩子带来，我们这儿不无先例，你可不能开这个头！

2. "五一"期间，我市个别景点的停车位过少，以致车辆乱停乱放。对此，我们认为景点管理部门并非不无责任。

【诊断】

忽视"不无"的双重否定含义而致误。"不无"意思是"不是没有，多少有一些"，具有肯定的含义。以上两例都将它用作否定性词语，导致句意与所要表达的意思相悖。例1可将"不无"改为"没有"。例2可将"不无"改成"没有"，或者删除"并非"。

【辨析】

"不无"在《现代汉语词典》里的解释是"不是没有；多少有些"。"不无"一词古已有之。如北周庾信《哀江南赋》序："不无危苦之辞，惟以悲哀为主。"北齐颜之推《颜氏家训·杂艺》："所有部帙，楷正可观，不无俗字，非为大损。"在现代汉语中，"不无"作为一个词也很常见，如媒体报道："监狱腐败频发，与监狱内监督力度薄弱不无关系。"从古至今，"不无"的词义基本没有变化。

"不无"是两个否定词的连用，作动词，字面意思就是"不是没有"，双重否定表示肯定。从语用上看，这起着弱化语气作用，可以理解成"有点儿、有些"。如"不无道理"表示多少有些道理。常用的还有"不无裨益""不无小补""不无感慨""不无遗憾"等。

因此，"不无"在使用中主要应注意两点：一是不能忽视"不无"双重否定表示肯定的特点，将其作为否定性词语来用。二是记住"不无"再加一个否定词变成三重否定后，表示的是否定含义。比如"不无道理"与"并非没有道理"意思都是"有道理"。而"并非不无道理"表示的意思其实是"没有道理"。

【链接】"不无"和"无不"

"无不"和"不无"是一对逆序词，它们内部构成的词素相同但顺序相反，而其意思、用法则很不一样。

"无不"是"无"和"不"叠加构成的双重否定义的副词，起到强化肯定语气的作用，表示"全部都"的意思。"无不"前面一般要有表示总括对象的名词作主语，后面接动词性词语。如："全校学生无不感到欢欣鼓舞。"

"不无"则是一个动词，以双重否定表示肯定义，是"有"或"有点儿""有些"的意思，后面所带成分视作其宾语，有减轻其所支配词语的分量的作用，表现出一种委婉、谦抑的语气。如："对于目前的形势他们不无担忧。"

勿将"不肖"作"不孝"

[错例] 1. 因为他小时候缺少良好的家教，长大后就变成了一个虐待老母亲的忤逆不肖之人。
2. 一个对自己父母都不闻不问的人，对自己父母不肖的人，还能够指望他对谁好！

【诊断】

不明"不肖"词义，将"不肖"与"不孝"混淆致误。"不肖"形容子弟品行不好或没有出息。上面两例中用"不肖"表示子女对父母不孝顺，属于用词错误，都应改为"不孝"。

【辨析】

"不肖"和"不孝"，虽然读音相同，也都用于评价晚辈对长辈的行为、态度，但意思却有很大差异，是对一个人两个不同维度的评判。在实际运用中，人们对"孝"的意思理解比较明确，一般不会用错"不孝"，但是对"肖"的意思就不甚明了，相应地，"不肖"也常被错用，尤其容易与"不孝"混淆。

"肖"在《说文解字》释义为："肖，骨肉相似也。从肉，小声。不似其先，故曰不肖也。"所以"肖"字不仅形容外表的相似，更用以形容本质特点上的相似。"不肖"即指儿子不像父亲，或者后代不像祖先，表示某人品行不好或能力不行，不如祖辈那般贤能。

"孝"在《说文解字》释义为："孝，善事父母者。从老省，从子，子承老也。"本义为孝顺父母，即尊敬和顺从父母，尽心奉养。"不孝"就是不孝顺父母或长辈的意思。

总之，"不孝"形容子孙对父母或长辈不孝顺，"不肖"形容子弟品行不好或没有出息，两者不能等同视之。

【链接】"贤"与"不肖"

在古代，"不肖"常和"贤"对举。如《庄子·德充符》："仲尼曰：'死生、存亡、穷达、贫富、贤与不肖、毁誉、饥渴、寒暑，是事之变，命之行也。'"又如韩愈《送李愿归盘谷序》："其于为人，贤不肖何如也？"

"肖"的本义为相似、相像。"不肖"就是不像、不似，它有两方面的含义：一是指德行不好，多用来指子孙不像先辈那样具有良好品行；二是指才能和力量与所承担的工作不相称。而"贤"是有才有德的意思，正好与"不肖"形成一对反义词。

"不赞一词"非指不赞扬

[错例] 1.尽管他在这次比赛中表现出色,但教练不仅不赞一词,反而指出了很多不足之处。

2.我看了专家对这篇论文所作的数百字评审意见,其中多有批评而不赞一词。

【诊断】

对成语"不赞一词"望文生义致误。"不赞一词"现在指只听他人说,自己不发表言论,并非指不加赞美、赞扬。以上两例都属误用,例1可将"不赞一词"改为"不夸奖",例2可改为"鲜有表扬"。

【辨析】

"不赞一词"也作"不赞一辞",出自《史记·孔子世家》:"至于为《春秋》,笔则笔,削则削,子夏之徒不能赞一辞。"意思是孔子修《春秋》,该写就写,该删则删,行文精当,连子夏这些人都不能再添加一句话。这里"赞"是加入的意思。所以,此语一开始是形容文章写得很好,别人不能再添加一句话。例如鲁迅《致台静农》:"所以甚服此书之浩瀚,而竟不能赞一辞。"现在,"不赞一词"多用于指不发表言论,即一言不发。如《二十年目睹之怪现状》:"倒是侯制军屡次劝他,他却是说到续娶的话,并不赞一词,只有垂泪。"

"不赞一词"经常被误用,主要是受"赞"字的影响。"赞"现在的常用义是称赞,有人就因此把"不赞一词"理解成了不说一句称赞的话。殊不知"赞"在古代还有"参与、加入"之义,如"赞议"(参加讨论)、"赞决"(参加决策），而"不赞一词"作为从古代流传下来的成语，其中的"赞"也是这个意思。

【链接】"不赞一词"的无字碑

公元 683 年，唐高宗李治去世，安葬在乾陵（位于今陕西省咸阳市乾县城北）。二十二年后，武则天也去世了，她和李治合葬在了一起。李治和武则天的墓前都立有一块高大的石碑。李治的述圣纪碑上刻有碑文，据说是武则天亲自撰写的。令人不解的是，武则天的碑却没有刻一个字，这无字碑成了千古奇碑！

武则天作为女皇在位十五年，在历史上是一个很有争议的人物。她非常明智，自知人们对她的一生可能会有各种不同的评价，于是在临死前作出一个特别的决定：立无字碑。人们猜测她的意图：有的说是夸耀自己功高德劭非文字所能表述；有的说是自知罪孽深重，觉得不写为好；有的说是功过是非让后人去评论的意思。这个无字碑真的算是对武则天的一生"不赞一词"了。

"差强人意"并不差

[错例] 1.她平时成绩不错，但这次考试表现差强
人意，考得比较糟糕。

2.小江第一局的表现有点差强人意，或许
他还是受到了伤病的困扰，发球失误，扣
球被拦。

【诊断】

对"差强人意"词义理解有误。"差强人意"是指大
体上还能令人满意。上面两例中，"差强人意"都被用来表
示情况令人不满意，明显误用了，可改为"令人失望""不
尽如人意"等。

【辨析】

"差强人意"出自《后汉书·吴汉传》："帝时遣人
观大司马何为，还言方修战攻之具，乃叹曰：'吴公差强人
意，隐若一敌国矣。'""差强人意"中的"差"是"稍微、
略微"的意思，"强"是"振奋"之义。汉光武帝刘秀是说
大司马吴汉倒还能振奋人心，可以匹敌一个国家（的军队）
了，话中充满了肯定和赞许之意。现在，"差强人意"指尚
能令人满意。

正确理解"差"的意义和用法是把握好这个成语的关
键所在。很多人把"差"理解成"好"的反义词，即"不
好，不太令人满意"。其实，"差"在这里应读作 chā 而非
chà，是表示程度的副词，指"稍微、大体"。"差强人意"
表示"总体上令人满意"，并无令人不满的意思。

我们语言中还有一些与"差强人意"类似的表达，如"差慰人意""差适人意""差可人意""差快人意"等，其中"差"也是副词，表示"稍微、大体"之义，都应按照正面肯定意思去理解，而不能理解成否定的意思。

【链接】如此"差强人意"？

2019年11月，中国男足在世界杯预选赛中负于叙利亚队，主教练里皮愤然辞职。中国足协在微博上发布了这么一段话："世界杯预选赛四十强赛过去两场比赛，中国男足表现差强人意，令广大球迷倍感失望，中国足协对此深表歉意！国家队主教练里皮在赛后发布会上提出辞职，中国足协接受这一辞职请求。中国足协接下来将会深刻反思，重组男足国家队，打好接下来的四十强赛比赛。"

这条微博作为对里皮辞职事件的回应，引起许多网友评论。不少网友对第一句话中使用"差强人意"提出了批评。有网友认为，在这次世界杯预选赛上，刚结束了与两支弱旅的比赛，战绩一平一负，小组出线已希望渺茫，对此，足协居然以"差强人意"来表示肯定之义。其实，这是一个典型的词误。中国足协说男足的表现"令广大球迷倍感失望"，以后要"反思"并重建男足。由此可见，足协的本意并非对男足表现感到大体满意，而是错误地理解和使用了"差强人意"这个成语。2019年12月《咬文嚼字》杂志发布年度十大语文差错，第一条便是——"足协致歉声明中的成语误用：以'差强人意'表示让人不满意。"

"成分"莫作"成份"

[错例] 1. 山栀子中的关键成份栀子苷具有显著的
生物活性。
2. 现代汉语里一般的句法成份有八种，即
主语、谓语、宾语、动语、定语、状语、
补语和中心语。

【诊断】

误用《第一批异形词整理表》已明确的不规范词形。"成
分"与"成份"原本是我们语言中一对异形词（同音同义但
书写形式不同的一组词语）。《第一批异形词整理表》明确
规定"成分"为规范词形，"成份"为不规范词形。故以上
两例中的"成份"均应改为"成分"。

【辨析】

"成分"是一个名词，主要有两个义项：一是指构成
事物的各种不同的物质或因素，如"营养成分"；二是指个
人早先的主要经历或职业，如"本人成分是学生"。"成分"
和"成份"是一组全等异形词，即读音相同、词义相同、用
法相同但书写形式不同，在历史上长期并存并用。如谢觉哉
《关于独立思考》："吃东西，要把营养成分吸收到全身的
器官里化为气力。"巴金《随想录》："《红楼梦》虽然不
是作者的自传，但总有自传的成份。"

2001 年 12 月 19 日，中华人民共和国教育部、国家语
言文字工作委员会发布《第一批异形词整理表》，明确规定
"成分"为选取的推荐词形。《第一批异形词整理表》已于

2002年3月31日试行，所以现在再用"成份"一词，就属不规范使用了。

"成分"与"成份"这组异形词整理规范的依据是通用性原则与"分""份"的分工趋势，凡是表示"构成事物的物质或因素"含义的使用"分"，"成分"中的"分"就是如此。

【链接】"分""份"怎么分

"分"有两个读音，一个是fēn，另一个是fèn。"分"读fēn时表示分开、分出、区分、分辨等义，而读fèn时就容易与读音相同的"份"混淆。我们主要来区分一下"分（fèn）"与"份"的意义与用法。

"份"主要有以下几种用法。一是指整体中的一部分，如"股份"。二是作量词，用于报纸、文件或搭配成组的东西，如"一份报纸""两份饭菜"。三是用在"省、县、年、月"之后，表示划分的单位，如"省份""县份""年份""月份"。

"分（fèn）"主要有以下几种用法。一是指构成事物的物质或因素，即成分，可以是自然性的，比如盐分、水分、养分、糖分，也可以是社会性的，比如福分、缘分。二是指（地位、职责、权利的）范围或者限度，比如"分内""分外""过分""恰如其分"。三是指情谊，如"看在他爷爷的分上"。

一般情况下，"份"用作量词时，不易与"分（fèn）"混淆，而在表示整体中的一部分时容易与"分（fèn）"混淆。我们应特别注意两者的区别。

"齿冷"因耻笑

[错例] 1.吃的是连根的野菜，烧的是带叶的生柴，这种民不聊生的痛苦情景，怎不教人齿冷？

2.凶手在校门口针对学生疯狂行凶，使多名无辜儿童受到伤害。看到这一幕惨剧，谁能不为之齿冷？

【诊断】

不明"齿冷"典出及词义致误。"齿冷"本指长时间张口笑而使牙齿感觉到冷，形容人或事物让人耻笑、看不起。例1所描述的"民不聊生"的情景、例2所提到的"惨剧"都不是让人耻笑之事。例1中"齿冷"可改为"难过"，例2中"齿冷"可改为"痛心"。

【辨析】

"齿冷"典出《南齐书·乐颐传》："人笑褚公，至今齿冷。""齿冷"是耻笑的意思。张嘴而笑，时间长了，牙齿就会感到冷，极言讥笑嘲讽之甚。如唐代司空图《南北史感遇》："江南不有名儒相，齿冷中原笑未休。"方志敏《清贫》："但我说出那几件'传世宝'来，岂不要叫那些富翁们齿冷三天！"

褚渊是南朝宋的大臣，宋文帝的女婿。宋明帝即位后，也非常信任褚渊，临终还将儿子刘昱托付给了他，请他辅佐。后来雍州刺史萧道成杀了刘昱，另立顺帝，褚渊反而推荐弑君之臣萧道成担任尚书，还积极帮他代宋建齐。褚渊的所作所为被当时的人看不起。南朝齐时，又出了一个跟褚渊情况类似的人——徐孝嗣。他是宋孝武帝的女婿，入齐后得齐武帝重用。后来，辅政大臣萧鸾打算联合徐孝嗣废掉齐武帝之孙萧昭业。此时，大臣乐预对徐孝嗣说，外面都在传说废立之事，武帝对您有大恩，可千万别参与进去，并说"人笑褚公，至今齿冷"。意思是人们张嘴耻笑褚渊时间长了，到今天牙齿仍觉得冷。所以"齿冷"常用来形容令人耻笑的人和事。如鲁迅《小说旧闻钞·杂说》："本朝人演本朝事，而颠倒纰缪至此，殊令人齿冷。"

【链接】古代"牙""齿"有别

在中国古代，"牙"和"齿"原本是有区别的。《说文解字》："齿，口断骨也。象口齿之形。"《说文解字》："牙，壮齿也。象上下相错之形。"段玉裁《说文解字注》认为"壮齿"应作"壮齿"。"壮齿"是粗大的牙齿，也就是生在两旁的大牙。也就是说，生在前边、靠近双唇的牙齿，就是"齿"，生在后边、靠近两颊的牙齿，就是"牙"。

唐代以后"牙"和"齿"逐渐混用，多以"牙"来统称，今天一般情况下也都称"牙"或"牙齿"。不过从一些词语里可以看出"牙""齿"曾经有别的痕迹。如"唇齿相依""唇亡齿寒""笑不露齿""令人齿冷"这些词都说明和嘴唇挨着的是"齿"，故而没有用"牙"字。"咬牙切齿""咬紧牙关"说明"牙"是可以用力咬合的，是槽牙才具有的能力。"咬牙切齿"中，"咬牙"说明"牙"是槽牙，而"切"是门牙所擅长的，说明"齿"就是门牙。

"充斥" 无好物

[错例] 1.临近期末考试，自修教室里座无虚席，充斥着浓郁的学习氛围。

2.又是一年一度阖家团圆的日子，在这个日子里总是充斥着欢声笑语。

【诊断】

不明词语的感情色彩致误。"充斥"为动词，意思是充满、塞满，含有贬义。在上面两个例句中，将它用于褒义，感情色彩不对。例1中"充斥"可改为"弥漫"或"充满"，例2中"充斥"可改为"充盈"或"洋溢"。

【辨析】

"充斥"见于《左传·襄公三十一年》："敝邑以政刑之不修，寇盗充斥。"杜预注："充满斥见，言其多。"清代徐灏进一步解释："斥，广也。充益广远之谓。"可见，"充斥"表示的是充满、众多、到处都是。

自古以来，"充斥"惯用于指在某个范围内，广布众多令人憎恶的事物，含贬义。例如宋代苏轼《超然台记》："盗贼满野，狱讼充斥。"清代黄景仁《登镇海城楼观海》诗："妖寇时纷乘，岛夷每充斥。"巴金《除恶务尽》："大量的毒草充斥市场，多少读者和观众被引上了歧途。"以上几例中盗贼、妖寇、毒草无一不是令人憎恶和痛恨的事物。所以《现代汉语词典》和《现代汉语规范词典》分别为"充斥"词条标注了"含厌恶意"或"含贬义"。我们在使用时一定要注意，不能把"充斥"用于肯定、褒扬的对象，甚至也不能用于没有特殊感情倾向的对象。

【链接】"斥"有多而广之义

对于"斥",我们现在比较熟悉的有表示驱逐义,如"排斥",还有表示责备义,如"斥责"。其实在古代,"斥"还有与"广大"相关的两个用法。一是作动词的"开拓、扩大",如《史记·司马相如列传》:"除边关,关益斥,西至沫、若水,南至牂柯为徼。"意思是拆除了旧有的关隘,使边关扩大,西边到达沫水和若水,南边到达牂柯,以此为边界。二是作形容词的"广大"。例如西晋左思《魏都赋》:"原隰畇畇,坟衍斥斥。"意思是说平原、低湿之地平平整整,高处低处广大无边。

从疆域等空间范畴来说,"斥"的"广大"就是多而广的意思,而"扩大"就是"使其变得多而广(增多)"的意思。因此"斥"有多而广之义,"充斥"则指某事物在某个范围里变得众多而无所不在。

"处心积虑"谋坏事

[错例] 1.张老师为这个班级处心积虑，整夜加班，身体都被累垮了。

2.为了在国际比赛中体现创新精神，同学们处心积虑，设计了一套令人赏心悦目的《安徒生童话》邮票。

【诊断】

不明"处心积虑"的感情色彩而致误。以上两个例句都将"处心积虑"误用作褒义词。例1中的"处心积虑"可改为"殚精竭虑"，例2中的"处心积虑"可改为"全力以赴"。

【辨析】

"处心积虑"出自《榖梁传·隐公元年》："何甚乎郑伯？甚郑伯之处心积虑成于杀也。""处心"即存心，存有某种想法。"积虑"意为长时间地思虑。成语的意思是长期思虑要干某件事，通常用来形容一个人为了达到某个目的，长时间费尽心机地谋划。如唐代柳宗元《驳复仇议》："而元庆能以戴天为大耻，枕戈为得礼，处心积虑，以冲仇人之胸，介然自克，即死无憾，是守礼而行义也。"又如清代夏敬渠《野叟曝言》七十四回："且阖庐谋杀王僚，处心积虑，坚忍而成。"也作"设心积虑"，如宋代洪迈《容斋续笔·贼臣迁都》："魏唐之祚，竟为高朱所倾。凶盗设心积虑，由来一揆也。"

在现代，"处心积虑"一般用作贬义词。形容人怀有野心，长期谋划，采用不正当的手段来满足某种欲望或者达到某种目的，比如获得权力、财富、地位等。如徐贵祥《历史的天空》第四章："尤其是他们处心积虑地扩充武装，必须高度警惕，必须及时遏制。"

【链接】"处心积虑"与"煞费苦心"

"处心积虑"和"煞费苦心"是一组近义词，都有费尽心思谋划的意思，但两者的词义侧重点和感情色彩有所不同。

首先，两个词的词义侧重点有别。"处心积虑"指长期谋划要干某事，侧重于花费很长时间和很多心思谋划做某事。"煞费苦心"中的"煞"是程度副词，有"很、极"的意思。成语形容费尽心思，侧重于极尽心力想办法，花的时间可能是很长的，也可能是短暂的。

其次，两个词的感情色彩不同。"处心积虑"一般用作贬义词，用来指费尽心思谋划不好的事情。"煞费苦心"是一个中性词，可以用于花费很多心思做好的事情，也可以用于做不好的事情。

"处子"用于女性

[错例] 1. 他对待小同痴情的追求竟手足无措，像个没接触过女性的处子。

2. 根据媒体报道，老张的女儿和女婿在结婚之前都保持着处子之身。

【诊断】

不明词语的适用对象范围致误。"处子"即处女，指深处闺中待嫁的女子，在现代汉语中只能用来指女性，而不能指男性。上面例1把"处子"等同于"处男"，例2则把"处男"也包含在"处子"范畴之内，都用错了。例1中的"处子"可改为"男孩"，例2"处子之身"可以用"纯洁之身"替换。

【辨析】

"处子"见于《庄子·逍遥游》："肌肤若冰雪，绰约若处子。"唐代成玄英疏曰："处子，未嫁女也。"即指处在闺中还没出嫁的女子。"静若处子，动若脱兔"，意思是说，未行动时像未出嫁的女子那样沉静，一旦行动起来就像挣脱束缚的兔子那样敏捷。这里的"处"读 chǔ 而非 chù，是置身（某地、某情况）之意。

汉语中有"处女"一词，也用来指深处闺中还未出嫁的女子。如《荀子·非相》："妇人莫不愿得以为夫，处女莫不愿得以为士。""处女"相比"处子"而言，因字面上有"女"字，一般不会搞错性别。"处子"则不然，因为"子"在古汉语中指称男性的用法为大家所熟知，很容易被认为是指男性。

其实，"子"在古代有时可作对人的通称，如"樵子""舟子""游子"等。有时也指女性，如《诗经·大雅·大明》："缵女维莘，长子维行。"《毛传》："长子，长女也。"明代陈与郊《文姬入塞》："曹丞相因念令先君是绝代儒宗，夫人是名公爱子，不忍埋没这白草黄云之外。"其中"爱子"是指"爱女"。古称妻子为"内子"，显然不是指男子。

现代汉语中"处子"与"处女"同义，但"处子"因为具有文言色彩，在文雅含蓄的书面语体中使用较多。

【链接】"处子（处女）"的比喻用法

"处子""处女"等词语除了它们的本义外，还常用来比喻初次的、未开发的，作属性词。如"处女地"指未开垦的土地，"处女航"指首次航行，"处女作"指作者最初创作和发表的作品。这些是常见的称法，也称"处子地""处子航""处子作"等。

现在用"处子"作属性词生成的新词语越来越多，最典型的当数"处子秀"。"秀"是英文 show 的音译，意思是展示、表演。"处子秀"指才华、技能的首次展示。类似组合还有"处子赛""处子战"等，一般在体育赛事、文艺表演等方面的报道中比较多见。

"唇枪舌战"？应是 "唇枪舌剑"

[错例] 1. 刘文剑看了看时间，已近中午，孩子们估计都饿了，打算用一个问题结束这场唇枪舌战。

2. 在国际会议上，各国外交官往往为维护本国的国格而展开唇枪舌战。

【诊断】

结构杂糅致误。汉语中本无"唇枪舌战"，这是错误地将"唇枪舌剑"与"舌战"两个词语混到了一起。

【辨析】

"唇枪舌剑"，意思是说唇如枪，舌似剑，用来形容争辩激烈，言辞犀利。也作"舌剑唇枪"。如金末丘处机《神光灿》："不在唇枪舌剑，人前斗，惺惺广学多知。"鲁迅《"京派"和"海派"》："在许多唇枪舌剑中，以为那时我发表的所说，倒也不算怎么分析错了的。"

"唇枪舌剑"之所以会误成"唇枪舌战"，应该是受了"舌战"一词的影响。"舌剑"与"舌战"二词的意思都与人的口舌之争有关。舌头是人类发声说话的重要器官，常用来代指人们说话的行为或所说的话，如"油嘴滑舌""鹦鹉学舌""费尽口舌"。"舌战"顾名思义即口头上的交锋，指激烈辩论。例如《三国演义》第四十三回的回目："诸葛亮舌战群儒 鲁子敬力排众议"。

从结构方式看，"唇枪舌剑"由四个名词"唇、枪、舌、剑"构成，两两构成一组比喻，意思是"嘴唇像枪、舌头像剑"，整体上组成并列结构，对仗工整，节奏铿锵，有一种形式的美感。而"战"是一个动词，"舌战"是"以舌为战"缩略而成的偏正式合成词，结构上就与"唇枪"不相称。"唇枪舌战"，从结构上看是杂乱的，从表意上看则是含混的。

【链接】"唇枪舌剑"和"针锋相对"

成语"唇枪舌剑"和"针锋相对"是一对近义词，都可以表示争论时言辞激烈。

在表示争辩激烈时，"唇枪舌剑"更加强调言辞的犀利，"针锋相对"则表示针对对方的观点、论点进行回击，主要强调互相对对方论点的攻击。

"针锋相对"除了用于言辞上的争论，还常用于其他形式的争斗行为，如政治、军事等方面的策略、行动方式尖锐对立。例如毛泽东《抗日战争胜利后的时局和我们的方针》："那时候的党是幼年的党，没有清醒的头脑，没有武装斗争的经验，没有针锋相对的方针。现在党的觉悟程度已经大大地提高了。""唇枪舌剑"没有此义。

"登堂入室"形容造诣高

[错例] 1. 由于监管不力，一些假药在这家医院登堂入室，坑害患者，影响实在太恶劣了。

2. 除了"李鬼"App登堂入室窃取个人信息，一些手机软件运用时的"额外要求"也极可能导致手机个人信息泄露。

【诊断】

不明"登堂入室"的感情色彩致误。成语"登堂入室"又作"升堂入室"，比喻学识和技能逐步提高，达到了很高的境界，具有褒义色彩。例1中的"登堂入室"可改为"混入药房"，例2中的"登堂入室"可改为"侵入"。

【辨析】

"登堂入室"一语原作"升堂入室"，典出《论语·先进》，原文是："子曰：'由之瑟，奚为于丘之门？'门人不敬子路。子曰：'由也升堂矣，未入于室也。'""堂"即厅堂，"室"即内室。孔子的意思是，仲由（即子路）嘛，他的学问就好像已经登上厅堂了，但还没有进入内室。孔子以"升堂"和"入室"来比喻学问的两个境界，子路仅达到第一个境界，还没有达到第二个境界。后来演化为成语"登（升）堂入室"，用来比喻学识和技能逐步提高，达到很高的境界。

"登（升）堂""入室"从其词源来看，用的就是比喻义，并不是作"登上厅堂""进入内室"的本义使用的。后来"登堂入室""升堂入室"作为成语使用，就更不是简单地理解其字面意义，而是用其整体意义，用作褒义词。因此，把"登堂入室"或"升堂入室"望文生义理解为进入室内或某个空间，错误地将其用于负面情况，是欠妥当的。

【链接】与建筑布局相关的两个成语

我国古代贵族居住的庭院以堂、室为主体建筑。从大门走进庭院，最前面的是堂，一般建在高台之上，要到堂上得经由台阶登上。堂是主人平时活动、待客的地方。堂的后面才是室，室是比较私密的空间，客人一般是不会被邀请到室内的。所以客人一般只能"登堂"，只有家人或极亲密的人才能"入室"。因此后来就有了"登堂入室"用来形容学问或技能一步步达到最高境界。

跟"登堂入室"在渊源上有点类似的，还有"窥其堂奥"这个词语。古时的建筑不仅堂、室这样较大的空间有名称，室内的四个角也有专门的名称，如"奥"指的是房屋的西南角。一般建筑坐北朝南，正房应该是南向的，一进屋先看到的是北面，等到要看到西南角"奥"这个位置，须得转过身来了。这说明等看到这个角落时，已经是看得比较细致、深入了。所以"窥其堂奥"就常用于形容对某一事物的深入研究，探索其中的奥秘和玄妙。

赞人帮忙称"鼎力相助"

[错例] 1.如果在座的有谁想搞养殖业，也可以来找我，只要能够帮忙的，我一定鼎力相助，毫无保留地提供技术上的支持！

2.去年我们遭难，他们给予我们大力支持，现在他们有难了，我们也应鼎力相助。

【诊断】

不明"鼎力相助"的敬辞用法致误。"鼎力相助"义为大力支持和帮助，一般用于指他人提供的帮助，是一个敬辞。以上两例都用"鼎力相助"指自己给予他人的帮助，这属于误用，可将"鼎力"改为"大力"或"倾力"等词语。

【辨析】

"鼎力相助"是基于"鼎力"一词而产生的成语。"鼎力"本指举鼎之力，形容用很大的力气。在古代，"鼎力"就用来表示请求或感谢别人帮助的敬辞，如明代张居正《答枢辅张容斋书》："辛克襄事，仰赖鼎力维持，获遂初愿。"后来"鼎力"多用作状语来修饰动词，如"鼎力维持""鼎力周旋""鼎力协助""鼎力相助"等，表示他人某种行为提供了非常得力的帮助,通常用于事先的请求或事后的感谢。如王火《战争和人》："我今天来，是为了冯村的事来烦请翘老鼎力相助的。"

"鼎力相助"作为成语，和"鼎力"一样，通常用于请求或感谢某人的帮助，如"请你鼎力相助""感谢他们鼎力相助"，却唯独不能用来表示己方给别人提供的帮助，如

"我（们）将鼎力相助"的说法就是不得体的。这是"鼎力相助"作为敬辞的特点，不明白这一点就容易误用。

【链接】含"鼎"的常用词语

鼎作为我国古代重要的器物，在汉语词汇中留有痕迹，主要体现在这两个方面：

一、与鼎的形制有关。鼎一般由青铜制作，器型较大，分量很重。因为鼎重量大，故用"鼎力"形容用很大力气，如"鼎力相助"。因大禹收九州之金铸成九鼎，并成为传国之宝，这九个鼎分量极重，后来就用"一言九鼎"来形容说的话分量很重，能起很大作用。也因为鼎大而重，就用"鼎鼎"来形容盛大的样子，如"大名鼎鼎"，还用"鼎盛"来形容兴盛、昌盛，如"鼎盛时期"。鼎常为三足，故用"鼎立"一词形容三方力量对立，如"魏蜀吴三足鼎立"。

二、与鼎的功用有关。鼎的基本功能是作烹饪之器，"鼎沸"本指如鼎中的水沸腾起来，后形容局势不安定，现在常形容喧闹、嘈杂，如"人声鼎沸"。因为鼎常用为宗庙礼器，大禹所制作的九鼎成了帝王权位的象征，就有了"问鼎"表示对王权的觊觎和图谋。

"动辄"不跟"就"

[错例] 1.无论何时何地，父母动辄就对宝宝发怒，这对宝宝的感情是一种极大的伤害，对其以后的性格发展非常不利。

2.八戒原为天蓬元帅，掌管天河八万水兵，本领自然了得！奈何被贬凡间后依然色心不改，取经路上动辄就喊着回高老庄。

【诊断】

语义重复致误。"动辄"意思是"动不动就"，再接上副词"就"，就重复多余了。以上两例可以把"动辄"改为"动不动"，或者删除"就"。

【辨析】

"动辄"中"动"是"动不动"的意思，"辄"是"就"的意思，《现代汉语词典》给出的解释是"动不动就"。

"动"现在是一个动词，但在古汉语中可用作频度副词，表示动作或状态经常性发生，相当于"动不动""常常""往往"。如，《后出师表》："论安言计，动引圣人。"意思是说，论安危，谈计谋，动不动就引用古代圣贤的话。宋元以后，顺应单音词向复音词发展的趋势，单用"动"表示频度的情况逐渐消失，而改用为"动不动"。此外，出现了固定组合"动辄"，用来表示动作或状态经常发生。

现代汉语中，"动辄"相当于"动不动就（便）"，二者的句法功能基本一致，都能用在动词性成分前面，如"动辄打骂别人/动不动便打骂别人"，或用在名词性成分前面，如"动辄三五万 / 动不动就三五万"。"动不动"后面的"就""便"也可以省掉，如"动不动打骂别人"，但是"动辄"却不能省去"辄"，因为"动辄"的词汇化程度已经很高了。"动辄"后再加上"就（便）"之类副词，就多余了。

从语体色彩看，"动辄"在古代多用于散文、史书，书面语色彩浓厚，行文更为庄重典雅。而"动不动"多见于古代白话小说和杂剧、元曲中，口语色彩浓厚。现代汉语中也基本保持这样的传统。

【链接】说"辄"

"辄"字由"车"和"耴"两部分组成。"耴"指耳垂。"辄"本义为名词，指古代车厢两边板上端向外翻出的部分，像两耳下垂的样子，所以也称"车耳"。由于辄是坐在车上所要倚靠的，就引申出了因有所依仗而肆意妄为，有了"专擅、专权、独断专行"的意思。如《晋书·刘弘传》："甘受专辄之罪。"意思是甘愿领受独断专行、肆意妄为的罪责。

因专擅义带有不受制约的意味，"辄"又引申作频度副词，表示"总是""每每""动不动"。如《后汉书·张衡传》："所居之官辄积年不徙。"又由即刻行动、不容延宕的意味，引申出了时间副词"立即、就"的用法，如宋代欧阳修《醉翁亭记》："太守与客来饮于此，饮少辄醉。"

"辄"在现代汉语中组词能力较弱，多见于成语，如"动辄得咎""浅尝辄止""临机辄断"等。

"豆蔻年华"指妙龄几何？

［错例］1.经过层层挑选，66 名正值豆蔻年华的女孩子踏进警察学院的大门，成了未来的警花，她们平均年龄只有 22 岁。

2.一群正值豆蔻年华的少男少女，在经历严苛选拔之后，迈上了与同龄人不一样的求学路，进入了飞行学院预科班。

【诊断】

不明成语适用对象致误。"豆蔻年华"专用来指少女十三四岁的年龄。例 1 用错了年龄，平均年龄 22 岁的群体，其中大部分人应该不止十三四岁。例 2 虽然未说明年龄，但用来指少男明显不妥。两例中的"豆蔻年华"可改为"青春年华"。

【辨析】

"豆蔻"是一种多年生常绿草本植物，多生长于广东、广西、云南等地。它一般初春开始含苞，晚春吐蕊开花，秋季便结出累累果实。豆蔻花将开未开时显得非常丰满，俗称"含胎花"，因此也就成了少女的象征。

把"豆蔻"与"年华"联系起来的是唐代诗人杜牧。他的《赠别》诗写道："娉娉袅袅十三余，豆蔻梢头二月初。春风十里扬州路，卷上珠帘总不如。"前两句的意思是，身姿婀娜的十三四岁少女，就好像早春二月在枝头含苞欲放的豆蔻花。正是这首诗为"豆蔻年华"规定了明确的年龄，即"十三余"。十三四岁的少女正是含苞欲放的年龄，"二月

48

初"适值豆蔻花含苞期，两者放在一起类比是十分恰当的。所以后世就用"豆蔻年华"指十三四岁的少女。

因此，"豆蔻年华"适用的范围有限，不但在性别上仅适用于女性，而且在年龄上只限于十三四岁，不能随意放宽。

【链接】古代对女子年龄的别称

中国古代女子的年龄有与之对应的称呼。除了"豆蔻年华"之外，常见的还有：

金钗之年：女子十二岁。女子十二岁起挽上发髻，插上金钗，代表告别童年时代。

及笄之年：女子十五岁。古代女子满十五岁后，须结发，行笄礼，也就是把头发盘起来，并用簪子绾住。及笄代表已经成年，到了可以结婚的年纪。

破瓜之年：女子十六岁。瓜字可拆开成两个八字，表示十六岁的年龄，也称"二八年华"。又因这个年纪的女子像玉一样温润剔透，还称"碧玉年华"。

桃李之年：女子二十岁。桃李用来比喻女子青春年少，意思是说这个年龄的女子正像桃李盛开一样艳丽动人。

花信之年：女子二十四岁。花开季节吹的风叫"花信风"，小寒至谷雨的四个月中共八气二十四候，每候一番花信风，故又称为"二十四番花信风"。花信之年指女子正处在年轻貌美之时。

"耳提面命"教诲恳切

［错例］ 1.旅行团在出发前以及抵达目的地之后，领队和导游都会对游客再三耳提面命，不要在景点随意刻字。
2.身为火箭队新队长，巴蒂尔需要向队友耳提面命指出问题所在。

【诊断】

不明"耳提面命"的含义和使用范围致误。"耳提面命"表示恳切地教导，一般用于尊长对晚辈。例1中领队和导游对游客的提醒要求，用"耳提面命"不合适，可改为"叮嘱"。例2中球队队长向队友提出问题，也不宜用"耳提面命"，可改为"真诚地"。

【辨析】

"耳提面命"一词的出处是《诗经·大雅·抑》："匪面命之，言提其耳。"唐代孔颖达疏曰："非但对面命语之，我又亲提撕其耳，庶其志而不忘。"意思是说，我不但当面告诫他，而且还贴近耳朵提醒、叮嘱，这样就几乎牢记不忘了。"提"义为贴着、附着，"命"义为教导、告诫。后来用"耳提面命"来形容恳切地教导。如严复《原强》："今微论西方宗教何如，然而七日来复，必有人焉，聚其民而耳提面命之。"

需要注意的是，"耳提面命"既然是形容教诲殷切，因此只能是来自尊长的教导，多用于长辈对晚辈、上级对下级。如《镜花缘》八十四回："但果蒙不弃，收录门墙之下，

50

不消耳提面命，不过略为跟着历练历练，只怕还要'青出于蓝'哩。"徐志摩《沙扬娜拉一首》："也许是受泰戈尔耳提面命之故吧，《沙扬娜拉》这组诗无论在情趣和文体上，都明显受泰翁田园小诗的影响。"这两例中对人"耳提面命"的分别是师父、文坛泰斗这样尊长身份的人，而一般人的叮嘱、建议和告诫，都不能称之为"耳提面命"。

【链接】《现代汉语词典》的一处修订

不少辞书将"耳提面命"解释为"提着耳朵告诫，当面教导"，这是不够确切的，问题出在将"耳提"解释为"提着耳朵"，犯了望文生义的毛病。

《现代汉语词典》第5版解释"耳提面命"时，说明其出处为《诗经》"匪面命之，言提其耳"一句，并解释为"意思是不但当面告诉他，而且揪着他的耳朵叮嘱"。而《现代汉语词典》第6版对此条解释做了修订，将"揪着他的耳朵叮嘱"改为"贴近耳朵提醒、叮嘱"。

"提"古代本有"附"义，"提耳"即"附耳"之义。明末清初钱澄之《田间诗学》指出："言提其耳，附耳以丁宁之也……携手提耳，皆长者教诰小子之常。"古代"提耳"还多与"谆谆"连用，如宋代司马光《除兼侍读学士乞先次上殿札子》："伏蒙圣恩，曲赐手诏，过加奖待，谕以至意，温密纤悉，提耳谆谆。"宋代蒲寿宬《七爱诗赠程乡令赵君·汉雍丘令刘矩》："谆谆耳提训，语味深且长。"如果是揪着耳朵那么严厉，何谈恳切的殷殷教诲！

可见，《现代汉语词典》的这一修订是有依据的，也是贴切合理的。

"法人"不是自然人

[错例] 1. 张女士于 2020 年开始自主创业，其丈夫王先生为本市一企业法人。

2. 他关注了公众号并进行了注册认证，没想到很快通过了平台审核，审核结果以短信的方式通知了作为法人的王总。

【诊断】

不明法律概念致误。"法人"一词中虽然有"人"，但并非生物学意义上自然人的概念，而是指在法律上具有民事权利和承担民事义务的组织。例 1、例 2 中"法人"都应改为"法定代表人"。

【辨析】

"法人"是一个法律上的术语。2020 年颁布的《中华人民共和国民法典》第三章规定："法人是具有民事权利能力和民事行为能力，依法独立享有民事权利和承担民事义务的组织。"也就是说，法人是一种组织，这一特征使法人区别于自然人。

并非所有社会组织都是法人。一个社会组织是否为法人，必须具有这些法定条件：①依法成立；②有必要的财产和经费；③有自己的名称、组织机构和场所；④能够独立承担民事责任。法人有其自己的权利能力。这是法人与非法人组织即没有权利能力的组织之间的区别所在。

简言之，法人是组织，而不是自然人；代表法人行使职权的负责人是法定代表人。

【链接】"法人"一词的来历

"法人"作为一个法律名词，在我国现代社会生活中已很常用，殊不知它并非汉语中的固有词，而是一个外来词。

"法人"的概念最早出现在18世纪德国学者的学术著作中。1896年，《德国民法典》中出现了关于法人制度的专门章节。制定于19世纪末的《日本民法典》是亚洲第一部完整的民法典，其总则中关于"法人"的规定借鉴了《德国民法典》，并结合日本国情进行了本土化修改，借用了汉字"法人"。

我国改革开放后，因经济社会发展需要开始引入法人的概念。据学者研究，这一概念最早出现于1979年通过的《中外合资经营企业法》。1981年公布的《经济合同法》中规定："经济合同是法人之间为实现一定经济目的，明确相互权利义务关系的协议。"1986年颁布的《民法通则》从基本法律的高度对法人概念作出了具体规定：法人是具有民事权利能力和民事行为能力，依法独立享有民事权利和承担民事义务的组织。这一概念在此后其他法律中得到全面贯彻。

"翻番"增加几何？

[错例] 1.工厂的产量从8月的每周1000台，增长到现在的每周3000台，产能翻了三番。

2.该中心一年引领的船舶从成立之初的近8000艘到现在的6万余艘，翻了八番多。

【诊断】

不明量词"番"的词义致误。"番"作为量词，指数量成倍增长。例1"翻了三番"可改为"增加到三倍"，例2"翻了八番"可改为"翻了三番"。

【辨析】

"番"作为量词，主要用来表示动作或行为的次数、回数。常用于表示一般动作行为的次数，如"打量一番""经过几番轮换"，也可用于表示数量增长的幅度，常见格式是动词"翻"+数词+量词"番"，如"翻两番"。

"番"在表示数量增长的幅度时，易被误当作"倍"使用。"增几倍"以最开始的基数为参考，每增加一倍都是增加一个基数的量，是等量增加。"翻几番"所增加的数量都是以上一次翻番后的数量为基数，再增加同样的数量，每多翻一番所增加的数量是变化的，呈几何级数增加。两者的数量关系可以这样来说明：翻一番为原基数的 $2^1=2$ 倍，即增加了1倍；翻两番为原基数的 $2^2=4$ 倍，即增加了3倍；翻三番为原基数的 $2^3=8$ 倍，即增加了7倍……翻 n 番则是原基数的 2^n 倍，即增加了 2^n-1 倍。例如原基数为6，它的3倍就是 $6\times3=18$，而翻三番后为 $6\times2^3=48$。

可见，除了"增加一倍"等同于"翻一番"外，只要超过了"一"，"增加几倍"和"翻几番"就不能混为一谈，两者的差距往往还不小呢。

【链接】"算术级数"与"几何级数"

"算术级数"与"几何级数"是两个数学术语。"算术级数"也称"等差级数"，是指按相同数值（公差）增加或减少的数列。如2、4、6、8、10、12、14……"几何级数"也叫"等比级数"，是指按相同倍数（公比）扩大或缩小的数列。如2、4、8、16、32、64、128……

我们通常所用的"增倍"就是成算术级数增加，"翻番"就是成几何级数增加。

"反戈一击"不是"反击"

[错例] 1. 关于王某对持刀行凶者反戈一击是否负刑事责任的问题,普通民众和法律界人士有着不同的看法。

2. 对方发问欲置你于死地,你不妨反戈一击,借题发挥,不仅让对方得不到便宜,反而自讨没趣。

[诊断]

不明"反戈一击"词义而致误。"反戈一击"义为掉转方向攻击自己原来所在阵营。例1是王某对持刀行凶者的攻击予以回击,例2指己方在论辩时就对方提出的问题予以反驳,均没有掉头攻击原属阵营,所以均不可用"反戈一击"。例1的"反戈一击"可改为"奋起还击",例2中的"反戈一击"可改为"反击"。

[辨析]

戈,是古代一种像矛的兵器,有着长柄横刃。"反戈"即掉转戈的方向,指在战争中投降对方,将攻击方向转向自己人或自家阵营。例如《新唐书·列传第五十八》:"英义拒战,众皆反戈内攻,乃奔简州,次灵池,普州刺史韩澄斩首送宁,遂屠其家。"再如《三国演义》第十七回:"吾与杨将军反戈击之。但看火起为号,温侯以兵相应可也。"

古代多用"反戈",近代以来则演变出来四字成语"反戈一击",同样表示掉转方向攻击自己原来所属的阵营。例如鲁迅《坟·写在〈坟〉后面》:"又因为从旧垒中来,情形看得较为分明，反戈一击，易制强敌的死命。"

"反戈一击"因为含有"反"和"击"两个字，常被误当成"反击"的同义词来用。其实，"反戈一击"意思是掉转武器攻击自己原来所属的阵营，结果往往是帮助了敌方；而"反击"是指对敌人进攻的回击，还是站在自己原来的阵营一方，攻击的是敌方。可以说两者意思截然不同，不能混淆。

[链接]"倒戈"与"反戈"

"倒戈"与"反戈"是一对近义词，原本都与战事中士兵持戈动作有关。"反"义为掉转（方向），"反戈"即掉转武器进攻的方向。"倒"有倒转方向的意思，"倒戈"也可表示倒转武器向己方进攻。此时，"倒戈""反戈"都可以用来比喻帮助敌方进攻自己一方。如《三国志·吴书·胡综传》："昔武王伐殷，殷民倒戈；高祖诛项，四面楚歌。"《东周列国志》第二十八回："子不如佯诺，而反戈以诛逆党，我以迎立之功与子。"

另外，"倒"有倒着放置的意思，"倒戈"还可以表示将戈倒着放置，比喻放下武器。如《三国演义》第六十二回："却说玄德立起免死旗，但川兵倒戈卸甲者，并不许杀害。"这里的"倒戈"指投降。除了表示投降外，"倒戈"还可表示不再用兵。如《吕氏春秋·原乱》："武王以武得之，以文持之，倒戈弛弓，示天下不用兵，所以守之也。""反戈"没有这样的含义。

"付诸"等于"付之于"

[错例] 1.企业文化就是企业信奉并付诸于实践的价值理念。

2.从实践的角度说,张謇付诸毕生精力的地方自治,使南通成为中国早期现代化区域发展的典型代表。

【诊断】

不明"付诸"中"诸"的特殊含义而致误。"诸"是"之"和"于"的合音,意义等于"之于"。"付诸"等于"付之于"。例1"付诸"后面所加的介词"于"重复多余了,应该删除。例2错误地将交付的对象"毕生精力"用到了"付诸"之后,可将"付诸"改为"付出"。

【辨析】

汉语中有一种独特的词汇现象,由两个字的读音合二为一而构成一个单音节词,称为合音词,也叫合音字。从语法结构上看,这样的词兼具两个字的意义和用法。"付诸"的"诸"就是一个合音词,是将"之""于"的读音拼合而成的,兼有代词"之"和介词"于"两者组合的意义和用法。如《列子·汤问》中的"投诸渤海之尾",意思就是"投之于渤海之尾"。

因此,"付诸"就等同于"付之于",表示把东西交给某一方,引申指把事物置于某种状况,如"付诸东流、付诸行动"等。

"付诸"在使用中要注意两种情况。第一,因为"诸"

兼具了"之""于"的语法功能，所以后面通常不再接介词"于"，以免累赘。第二，"付诸"即"付之于"，其中"之"有所指代，"付诸"的对象只能出现在"付诸"的前面，不能用在后面。如"将全部精力付诸教学工作"中的"全部精力"就是"诸"字中隐含的"之"所指代的对象，因此不能说"付诸全部精力在教学工作上"。

除了"付诸"之外，常见的还有"诉诸（法律）、公诸（世人）、见诸（报端）"等词语，使用时也应注意类似问题。

【链接】古汉语中合音词"诸"的用法

"诸"在古代汉语中用作合音词，有两种情况：一是位于句中，表示"之于"合用；二是位于句末，表示"之乎"合用。

"之于"合用的"诸"位于句中，"之"作代词，"于"作介词，要具体情况具体分析。如："父之友，吾哭诸庙门之外。"（《礼记·檀弓上》）"之于"合用的"诸"中，"之"代"父之友"，"于"表处所，可译为"在"。又如："乃赏成，献诸抚军。"（《聊斋志异·促织》）"之于"合用的"诸"中，"之"代小蟋蟀，"于"表对象，可译为"给"。

"之乎"合用的"诸"位于句末，"之"和"乎"的意义与作用也要酌情而定。如："晋公子有三焉，天其或者将建诸，君其礼焉。"（《左传·僖公二十三年》）"之乎"合用的"诸"中，"之"指代晋公，译为"他"，"乎"为表揣度的语气词，译为"吧"。又如："王尝语庄子以好乐，有诸？"（《孟子·梁惠王下》）"之乎"合用的"诸"中，"之"指代"王尝语庄子以好乐"之事，译为"这（回事）"，"乎"为表疑问的语气词，译为"吗"。

"狗尾续貂"留心"续"

[错例] 1.有网友指出,梅雨潭的湖光山色不缺这
个"绿"字,生拉硬扯地刻上一个"绿"
字,无异于多此一举、狗尾续貂!
2.原文结构完整,衔接顺畅,修改者在
中间硬塞进了两个所谓过渡句,真是狗尾
续貂。

【诊断】

不明成语"狗尾续貂"的词义及适用范围致误。"狗
尾续貂"常用来比喻拿不好的东西接续到好的东西后面,显
得好坏不相称,多指文学作品。可用于对自己续作的自谦,
或对别人续作的讽刺。例1在景区刻字谈不上是用次品接续
精品,例2在文章中间插入语句也不是"尾"部接续,而且
两例均没有对原来对象的讽刺,两处均可改为"画蛇添足"。

【辨析】

"狗尾续貂",出自《晋书·赵王伦传》。据史书记载,
晋朝司马伦在篡位之后,大肆封官,他的仆人和差役都被封
了爵位。当时的近侍官员都使用珍贵的貂尾作为帽子的装饰,
可因为封的官员实在太多了,一时之间找不到那么多的貂尾,
只好用相似的狗尾代替,当时人为此编了一句谚语:"貂不
足,狗尾续。""狗尾续貂"本义是讽刺封官太滥。如宋代
孙光宪《北梦琐言》:"乱离以来,官爵过滥,封王作辅,
狗尾续貂。"后来比喻将次品接续在珍品之后,前后不相称,
多用于指文艺作品的续作不如原作好。如清代李渔《闲情偶

寄》："尚有踊跃于前，懈弛于后，不得已而为狗尾貂续者亦有之。"

"狗尾续貂"一般用于称对原有作品的续作，具有前后接续关系。常作谦词，称自己的续作是狗尾，他人的作品是貂，两不相配。如果用于称别人的续作，则带有讽刺意味，具有贬义色彩。

【链接】"狗尾续貂"与"画蛇添足"

"狗尾续貂"和"画蛇添足"两个成语都有添加东西的意思，而且都指添加得不合适，含有贬义色彩。两个成语区别很大，但常被混淆误用。

从词义上看，"狗尾续貂"形容增添的东西不好，并且只能增添在好的东西之后，即只能"接续"在后，而不能增添在中间。"画蛇添足"形容增添的东西不恰当，不一定要添在原有东西之后，添在其他的地方也可。

从适用范围看，"画蛇添足"适用的范围较广，可用来比喻修改文章时增添多余的词句，或别人说话时插一些无用的话，还可用来比喻做了多余的事。"狗尾续貂"则通常用于比喻在好的文学作品或文章之后添上不好的续作。"画蛇添足"添的东西往往是多余的、不必要的；"狗尾续貂"是说所续的内容不好。

"顾忌""顾及"莫混淆

[错例] 1.你失败的时候，有些人会顾忌你的感受，来安慰你，而有些人却拍手叫好。

2.他最近这段时间太忙了，对你的请求无暇顾忌。

【诊断】

不明"顾忌"词义致误。"顾忌"表示说话行事有所顾虑，恐怕对人或对事情不利。例1要表达的是"你的感受"应该被照顾到、考虑到，可将"顾忌"改为"顾及"。例2则应将"无暇顾忌"改为"无暇顾及"。

【辨析】

"顾忌"和"顾及"读音相近，容易被混淆。两个词语都能够作动词，但是含义不同。

"及"有"达到"的意思，"顾及"就是"照顾到，考虑到"，指把人或事物纳入注意和考虑的范围，如"顾及双方利益""顾及别人的感受"。鲁迅《书信集·致陈君涵》："近来的刊物，也不得不顾及读者，所以长诗和剧本，不能时时登载。"

"忌"是"忌惮"的意思，"顾忌"指因可能对人或对事情不利而有顾虑和畏惧，如"顾忌对方的实力""顾忌法律的威慑"。《后汉书·杨震传》："丰、恽等见震连切谏不从，无所顾忌，遂诈作诏书，调发司农钱谷、大匠见徒材木，各起家舍、园池、庐观，役费无数。"

可见"顾及"的对象往往是自己所关心的，"顾忌"

的对象是可能伤害到自己的。此外，"顾忌"能作名词，如"不讲诚信是商家最大的顾忌"，而"顾及"不能作名词用。"顾忌"可以与"无所""毫无"等搭配，构成"无所顾忌""毫无顾忌"。"顾及"则可以搭配成"无暇顾及"。两者同样不能调换。

【链接】说"忌"

"忌"是一个形声字，"心"为形旁，"己"为声旁。《说文解字》的解释是"忌，憎恶也"。也就是说"忌"的本义为憎恨、怨恨。如《管子·匡君大匡》中有"诸侯加忌于君，君如是以退可"，意思是各诸侯国都忌恨您，您还是就此告退为好。现在的"忌恨"一词用的是本义。

后由本义引申出嫉妒、猜疑的意思。如《史记》："项王为人，意忌信谗。"意思是项王为人生性好猜忌，相信谗言。现在常用在"猜忌""疑忌""忌妒"等词语中。

由猜疑引起心里不安，又引申出顾虑、畏惧之义。如《三国志》中"帝王之起，皆有驱除，羽不足忌"，这句话是说帝王的兴起，都有人为他驱除祸患，对关羽不必顾忌。现在常用在 "顾忌""忌惮""横行无忌""讳疾忌医""投鼠忌器"等词语中。

又由顾虑、害怕引申出禁戒、禁忌之义，现在常用在"忌口""忌日""忌讳"等词语中。

"光顾"是敬词

[错例] 1.高档的理发厅、新潮发廊，我不敢光顾，
只有找卫生条件尚可的中小理发店。
2.笔者差不多每个星期日都光顾锦华商
场，每一次都见柜台上的商品琳琅满目，
顾客熙熙攘攘。

【诊断】

不明"光顾"敬辞用法致误。"光顾"是一个敬辞，
尊称他人的来访或来临，不能用于称自己到访。上面两例中
的"光顾"可改为"去"或"前往"。

【辨析】

"光顾"是一个敬辞，称对方的到来，多用于商家欢
迎顾客。"光"是敬辞，表示荣幸、光荣，用于对方来临，
"顾"在这里是"拜访"的意思。"光顾"就是说，对方到
我的家或我的店来，使我感到光荣，感到荣幸。

"光顾"最初是主人对宾客到访时使用的敬语，如唐
代薛能《郊居答客》诗："远劳才子骑，光顾野人门。"
后来常用于商店或服务性行业欢迎顾客上门时讲的客套
话，如"欢迎光顾"。同义的敬辞还有"光临""惠顾"等。
现在，"光顾"出现了更宽泛的用法，用来表示"到访、
来到"等。如："通过在超市、折扣商店等消费者经常光
顾的地方设置回收点，方便民众随时处理闲置的手机、手
电筒及电动剃须刀等。"然而，无论如何我们都不能将"光
顾"用于自称。

【链接】"光顾""光临"与"惠顾"

"光顾""光临"与"惠顾"三者是近义词，都用作动词，而且都是敬词，敬称客人来到。但是它们之间又有一些区别。

"光顾""惠顾"用于商家欢迎顾客到来，适用范围较小，如"欢迎光顾""敬请惠顾"。"光临"称宾客到来，既可以用于商家对顾客，也可以用于主人欢迎客人到来，适用范围较大，如"请光临寒舍""欢迎光临指导"。

"光顾"与"惠顾"也有细微区别。"光顾"表示客人到来给自己带来了光彩，"惠顾"则有客人到来让自己得到恩惠的意思。因此，"惠顾"更多地用于商业场所，"光顾"的使用范围比"惠顾"广。

"光年"是长度单位

[错例] 1.那时候地球可能都不存在，我们只是发现了这颗星球15亿光年前的电磁波，这很可能是其毁灭前最后一次求救信号。

2.几亿光年的时间，沧海早已变桑田。

【诊断】

误用了量词"光年"致误。"光年"是长度单位，是计量距离的量词，而不是计量时间的量词。以上两例都把"光年"当成时间单位来用，均是错误的。

【辨析】

"光年"是天文学上的一种距离单位。按照定义，光年表示光在真空中直接传播1年时间所走过的路程。光传播的速度极快，在真空中达到了每秒30万千米，光以这样的速度跑1年大约等于94605亿千米，这就是1光年的距离。

宇宙浩渺无垠，各种天体之间的距离非常遥远。星体之间的距离使用千米（公里）为单位来计量，数值都很大。如太阳与冥王星的平均距离大约是59亿千米。太阳与距离其最近的恒星比邻星之间的距离达4.2光年。猎户座中最亮的那颗"蓝超巨星"参宿七，距离我们地球约863光年。这样遥远的距离，如果用我们常用的米或千米等长度单位来计量的话，就是非常庞大的数字，表达或者计算起来都很麻烦，而以光年为单位来计量就简便得多。

"光年"作为天文学术语，在专业文献中极少用错。但是，在一些诗歌等文学作品中，或者在日常交流语言中，人们就容易因为"光年"中的"年"字而想当然地把它当作计量时间的量词。

【链接】"光年"概念溯源

"光年"概念的提出首先基于人们对光的物理性质的认识。17 世纪以前,人们认为光的传播是不需要时间的,直到 1676 年丹麦科学家罗默提出光的传播需要时间的假设。

罗默观测木星的卫星木卫一,发现木星掩卫的时间(由木卫一躲到木星背对地球的一面开始到它再次出现在地球上可观测到的区域之间的时间间隔)并不是一个定值。当木星离地球较远时,掩卫过程所用的时间更长。于是他认为光的速度是有限的,穿越相当于地球公转轨道直径的距离需要 22 分钟,并计算出光的速度是每秒 214000 千米(因对地球公转轨道的直径计算有误)。1728 年,英国天文学家布拉德雷采用更精准的测量方法,得到光速大约是每秒 301000 千米。

1838 年,德国天文学家贝塞尔测量出天鹅座 61 与地球之间的距离,首先使用"光年"一词,作为天体之间距离的计量单位。

不可自称"贵姓"

[错例] 1.我知道那选票上有我的名字，于是不好意思地小声问他："您贵姓？""噢，"他忙说，"我贵姓徐。"

2.有一位年轻读者打电话向我询问稿件的事，由于他没有作自我介绍，我便问："您贵姓？"他回答："贵姓唐。"

【诊断】

不明"贵姓"敬辞用法致误。"贵姓"是敬辞，只能用于询问对方的姓氏。例1和例2中答话人说自己"贵姓"是不合适的，应删除"贵"，或者例1改为"免贵姓徐"，例2改为"敝姓唐"。

【辨析】

在社会交往中，免不了要与陌生人打交道，一开始都要询问对方的姓名。特别是在一些比较正式的场合，人们常会按照传统的方式，在"姓"前加"贵"字来询问对方的姓氏。

"贵"本义是价格高、价值大，如"黄金比白银贵""春雨贵如油"等。引申指值得珍视或珍爱的，如"宝贵""名贵""可贵"等。还引申指社会地位高的、尊贵的，如"贵族""达官贵人""贵妇人"等。

我国古代有讲求尊卑有序、尊人卑己的传统。交谈中有些字词冠以"贵"，是表示对对方的尊敬。如问人年龄称"贵庚"，问人要干什么称"贵干"，称对方的儿子叫"贵子"，称对方的国家为"贵国"，称对方学校为"贵校"，等等。

称对方"贵姓",意思就是说其姓氏尊贵,以表示对对方的尊敬。从"卑己"的要求来看,一般不自称"贵"姓,而常回答"免贵姓×",意思是说不要用"贵"字,也可以回答"敝姓×",称自己身份低微。这都是答话人自谦的表现。

在日常生活互相问答时,答话人常会顺着问话人的"您贵姓"脱口而答"我贵姓",有可能是受问话信息干扰而未能及时做出正确反应的结果。而在书面语中,如叙事性作品里人物的语言,如果用"贵姓"称自己姓氏,大都是因为作者不明"贵姓"敬辞色彩而误用。

【链接】敬辞"贵×"

按照我国传统,交谈中常有些字词冠以"贵"而成为敬辞,只用于对方身上以表示尊敬,而不能用于有关自己的事物。这样的词语有不少。例如:

贵府:称对方的家。

贵庚:称对方的年龄。

贵干:问对方要做什么。

贵恙:称对方的病。

贵体:称对方的身体状况。

贵国:称对方的国家。

类似的还有贵省、贵市、贵县、贵区、贵村、贵校、贵局等。

"国际"即"国家之间"

[错例] 1. 来自 32 个国家的 500 多位专家学者就国际间加强抗艾滋病项目合作进行了广泛交流。
2. 这次会议促进了国际间中小企业学习和交流先进经验。

【诊断】

词义重复致误。"国际"本有"国家之间"的意思，再叠加上"间"，意思冗余。例 1 中的"国际间"可改为"各国之间"或"国家间"，例 2 中"国际间"应删去其中的"间"。

【辨析】

"际"，《说文解字》解释为"壁会也"，也就是指两堵墙相合时中间的缝隙。由"缝隙"引申为"交接的地方"，再引申为"（事物的）中间""彼此之间"。

"国际"，本指"国与国之间"，这时"国"被视为个体，强调的是国家与国家之间的关系。如"国际交流"指国与国之间的交流，"国际合作"指国与国之间进行合作。"国际"已含有"两者之间"的意思，再说"国际间"或"国际之间"就犯了赘余的毛病。

"国际"还可用来指"世界或世界各国之间"，此时含有超出国家这个层面的意思，指世界上所有国家或者部分国家构成的整体，不强调其中每个国家个体。如"国际声望""国际水平"就是"世界声望""世界水平"。这种情况下"国际"后用"间"也是错误的，应去掉"间"。

【链接】说"N际"

"N际"即"N与N之间",这种格式的短语有很多,而且具有一定的能产性。常见的有以下几种情况。

表示行政区划之间的,如"省际、县际、区际、镇际、乡际"等,例如:

1.今年年内,还有3条省际长途客运线路计划增加班车数量。

2.逐步打通县际、乡际断头路,提升农村公路对经济发展的支撑能力。

表示单位部门之间的,如"校际、园际、院际、馆际、行际、厂际"等,例如:

3.坚持"均衡发展,内涵发展,持续发展"的战略,逐步缩小校际办学差距。

4.银行以支行为单位开展了三场行际企业文化辩论赛。

还有"人际、星际、年际、季际"等,例如:

5.这无疑是从地球出发,最漫长、最遥远的一场星际旅行。

6.在积温带北移东扩的大背景下,还要关注积温的年际变化。

这些词语的后面都不宜再加上"间""之间"来表示互相之间的意思。

"过度""过渡"应辨明

[错例] 1.我们来学习一下课文中承上启下的过度段落。

2.他们到国外后，人生地不熟，先上一年语言学校过度一下。

【诊断】

混淆了"过度"与"过渡"的词义致误。"过度"指超过适当的限度，"过渡"指事物由一个阶段逐渐发展而转入另一个阶段。例句中的两处"过度"应改为"过渡"。

【辨析】

要想弄清"过渡"和"过度"的区别，应先分辨"渡"和"度"的不同。

《说文·水部》："渡，济也。从水，度声。"本义为通过（水面），由此岸到彼岸。如《史记·项羽本纪》："且籍与江东子弟八千人渡江而西，今无一人还。""渡"用于经过江河，由此岸到彼岸，如现代汉语中的"远渡重洋""渡河""轮渡"等词。"渡"由经过水域又引申指空间上由此地转移到彼地。如《史记·高祖本纪》："淮阴已受命东，未渡平原。"

"度"的本义是测量长短的标准，如《汉书·律历志上》："度者，分、寸、尺、丈、引也。"后泛指按一定计量标准划分的单位，引申出限度、尺度、制度等意思，也表示由此及彼，如"度日""度假"等。

"度"与"渡"二字都有越过的意思，在古汉语里有时通用，如今表义有明确分工："度"由度量演化而来，如今只用于指让时间过去或消失。"渡"由跨过水而来，只用于渡水，一般不用于时间。

"过渡"原指通过江河等水域，后来由空间上的转移引申出一种状态或阶段的变化，如"过渡地带""过渡政府"等。"过度"指超过了限度或标准，如"过度兴奋""过度疲劳"等。"过渡"和"过度"的词义有很大不同，但在实际运用中又经常被混淆。

【链接】"共度"与"共渡"

在现代汉语实际运用中，"共度"和"共渡"这一组词也容易被混淆误用。"共度美好时光"不能用"共渡"，因为"时光"属于时间范畴。"共渡难关"是将"难关（难以攻克的关隘）"比喻成空间上的阻碍，所以用"共渡"而不用"共度"。

不好的结果是"后果"

[错例] 1.这股新的命名潮至少为上海股市带来几个直接后果：194个上市公司的行业归属更加清晰，地区板块的炒作变得更加艰难，而理性投资者对个股的把握更方便了。

2.常识告诉我们，每一次社会变革，无论是积极的，还是消极的，其后果都要由人来承担。

【诊断】

不明词语适用范围和感情色彩致误。"后果"多用于指坏的结果。在例1中，作者对所述情况是抱着肯定态度的，不宜用"后果"，可将其改为"效果"。例2所列两个方面，既有"积极的"也有"消极的"，而对于"积极的"不宜称"后果"，可把"后果"改为中性词"结果"。

【辨析】

"后果"字面意思是"最后的结果"，但是适用范围有讲究，常用于不好的方面。所以《现代汉语词典》《现代汉语规范词典》分别注明其"多用于坏的方面""多指不好的"。可见，"后果"带有贬义的感情色彩。

因为"后果"指坏的、不期望出现的结果，所以常用"可怕""严重""不幸""不良""不堪设想"等词语来形容，还常说"不计后果""不顾后果""后果自负"。"后果"作宾语常与"造成""产生""引起""带来""消除""避免"等搭配在一起使用。

　　"最后的结果"有好坏之分，要注意根据表达需要选择感情色彩合适的词语，中性的可用"结果"，褒义的可用"成果"，贬义的可用"后果""恶果"。当然也可以在"结果"前用相应的形容词来表示其好坏，如"好的结果""满意的结果"或者"不好的结果""令人失望的结果"。

【链接】"后果"与"恶果"

　　"后果""恶果"都作名词用，指不好的结果。"恶"有恶劣之义，"恶果"是指极其恶劣的后果，词义较重。"后果"用来指坏的结果，相对"恶果"在词义上要轻一些。如果要加重词义，强调结果坏到某种程度，一般要在其前面再加上相应的形容词，来表示不好的程度如何，如"不良后果""可怕后果""严重后果"。

　　"后果"有可能是人的主观因素导致的，也有可能是客观因素造成的，如"酒后开车的严重后果""台风暴雨会带来可怕后果"；"恶果"大都与人的主观因素有关，如"这次事故是工作人员玩忽职守带来的恶果"。

"遑论"莫误作"谈论"

[错例] 1. 这些花儿，本没有什么高低贵贱之分，更不必遑论谁更有风骨。

2. 我们姑且不遑论人类是否可以准确地预测世界未来的一切，但对决定论者来说，准确预测一个人在一分钟之内的行为应该不会成为问题吧。

【诊断】

不明"遑论"含有否定义致误。以上两例将"遑论"等同"谈论""讨论"来使用，前面加上否定词，把意思完全弄反了。例1可以直接删除"不必"。例2可将"遑论"改为"讨论"。

【辨析】

"遑论"按照《现代汉语词典》的解释，意思是"不必论及；谈不上"。其中否定义来自"遑"。"遑"本指"闲暇"，常加上否定词"不、未"等用于动词前，表示没有空闲去做某事。如《诗经·小雅·小弁》："心之忧矣，不遑假寐。""遑"也可以用在反问句中的动词之前，表示"哪里有空闲去做某事"，同样是否定有空闲去做某事。如《诗经·邶风·谷风》："我躬不阅，遑恤我后？"这种用法非常频繁，久而久之，这种由反问句而带来的否定义，附着在了"遑"字上，使"遑"具有了否定义。因此，"遑论"也就有了"没有时间谈论""谈不上"等意思。

"遑论"在用法上有讲究。它一般用在递进复句的后一分句前，表示后一分句否定的程度比前一分句高，或者说对后一分句的情况持更强的否定态度。因此，常在前面加上"更""又"等词，以强调否定的程度更高。又因为这种特定的否定往往具有主观性，所以常会使用"连……，遑论……""尚且……，遑论……"或"尤其……，遑论……"这样的表达格式来强调。如："被抓之后尚且执迷不悟，更遑论被抓之前。"

【链接】"不论"与"遑论"

"不论"和"遑论"都有"不去论及"之义，但它们在含义和用法上存在一些明显的差异。

首先是基本含义不同。"不论"表示"不加以区别或选择"，即不考虑某种条件或情况。强调后面所提到的任何条件下，情况都不变。例如："不论男女老少，都应该遵守交通规则。"这里强调的是所有人都应该遵守交通规则，没有例外。"遑论"则表示一种递进关系，即在某种情况下尚且不能成立或做到，那么在其他更高或更难的条件或情况下就更不必说了。例如："他连基本的算术都不会，遑论解决复杂的数学问题。"

其次是语法结构不同。"不论"后面通常接并列的词语或表示任指的疑问代词，用于列举不考虑的条件或情况。例如："不论天气如何（天晴还是下雨），我们都要坚持锻炼。""遑论"则通常用于复句的后一分句。例如："他连走路都困难，遑论跑步了。"

送人不可称"惠赠"

[错例] 1.为方便顾客随到、随买、随走，许多经营业主还加大烧饼生产量，结扎成篓摆摊出售，成为当地群众走亲访友时的惠赠佳品。

2.我毕业后，特地前往拜见先生，并惠赠先生一幅我画的斗方小品。

【诊断】

不明"惠赠"一词的敬辞用法致误。"惠赠"属于敬辞，只能用于表示别人将物品赠送给自己，不能用于自己赠送他人物品的情况。例1中"惠赠"可改为"馈赠"。例2可改成"敬赠"或"赠送"。

【辨析】

"惠"，《说文解字》释为"仁也"。《尚书·皋陶谟》："安民则惠，黎民怀之。"句意是让民众安定就是仁爱，会被百姓怀念。又释为"恩"，即恩惠。如《尚书·蔡仲之命》："民心无常，惟惠之怀。"意思是百姓心中没有常主，只怀念有仁爱之心的君主。

后来"惠"就有了恩惠和好处的含义，也有了给人恩惠和好处的意思。凡以"惠"开头的词语都是指对方的行为有"恩"于己。"惠赠"表示对方施以恩惠般地赠人物品，只能用于敬称他人赠给自己，而不能用于自己赠送他人。

"惠赠"还有一个同义词"惠赐"，意思和用法基本相同。同类词语还有"惠顾、惠临、惠存、惠寄、惠借、惠允"等，也都是用来敬称对方的行为是施惠于己,不能把对象搞反了。

【链接】 "惠赠"不是"优惠赠送"

在日常商业活动中,我们经常会看到一些商家变着花样,搞各种各样的商品促销活动,对外称"惠赠"活动。如某商场广告是这样宣传的:"凡在本商场购物满 300 元的顾客,本商场将惠赠一份精美的礼品。"

顾客在商场消费金额达到一定的标准,赠送顾客以礼品,顾客由此获得了一定的优惠,这有助于吸引顾客积极消费,这是好事。但是商场使用"惠赠"来表示自己赠送礼物给顾客的行为,却让人感觉商家对顾客不够尊敬。大概广告文案写作者从字面上以为"惠赠"就是"优惠赠送"的意思,却没有弄清"惠赠"的敬辞属性。"惠赠"的"惠"所表示的受恩惠方永远是自己,所以说商场把礼物"惠赠"顾客是不得体的。

"见谅"不跟宾语

［错例］ 1. 如果白天炒股影响了工作进度，要自觉加班弥补，这样老板或者上司可能会见谅你。

2. 现在一旦自己开车上路，她都会跟副驾上的乘客直接挑明，自己是新手，一定要见谅她开得慢，千万不要催她。

【诊断】

不明"见谅"词义及使用对象致误。"见谅"是一个带有文言色彩的动词，有"请原谅我"的意思，但不能带宾语，因为己暗含原谅的对象是说话人自己。以上两例"见谅"都带有宾语，是不合适的，可以将"见谅"改为"原谅"。

【辨析】

"见谅"虽然在现代口语交流中作为客套话时常出现，但它却是一个文言色彩比较浓的词。"见谅"意思是请对方原谅自己，是一个谦词。要把握好这个词语的用法，关键是准确理解"见"在这里的意思。"见"作为助词用在动词前面表示对我怎么样（商务印书馆《现代汉语词典》），或者表示他人行为及于己（上海辞书出版社《辞海》）。例如《孔雀东南飞》："府吏见丁宁，结誓不别离。"西晋李密《陈情表》："生孩六月，慈父见背。"北宋王安石《答司马谏议书》："故今具道所以，冀君实或见恕也。"以上三个例句中的"见丁宁""见背""见恕"分别表示"叮嘱我""离开我（指去世）""宽恕我"。

"见谅"古代也写作"见亮"，如宋代王安石《与孟逸秘校手书》之四："人求还急，修答不谨，幸见亮。"有时也说"见原"，如晋代干宝《搜神记》卷一："比至日中，大雨总至，溪涧盈溢。将士喜悦，以为吉必见原，并往庆慰。""见亮""见原"今已几乎不用，但"见谅"仍留存在现代汉语中。

【链接】"见×"类词语

"见"用在某些单音节动词前面，组成"见×"，表示动词所表行为施加于己身。这种句法形式在现代汉语中已不使用，但是有一些词语作为固定格式留存了下来。除"见谅"外，常见的还有：

见告：请告诉（我）。如："有消息望见告。"

见怪：怪罪（我）。如："我不是故意的，别见怪！"

见教：请指教（我）。如："敬请见教！"

见示：请给（我）看，或告诉（我）。如："先生大作，亟请见示。"

见笑：笑话（我）。如："请莫见笑。"

见罪：怪罪（我）。如："万勿见罪。"

"焦灼""胶着"要分清

[错例] 1. 谈到两队本赛季两次交手均爆发冲突的话题，于教练认为，比赛确实比较激烈，如果泰山队3：0就不会出现这种场面，比分焦灼时就容易出现这种场面。

2. 内部消息说，两家公司的谈判比较焦灼。

【诊断】

将"焦灼"与"胶着"混淆而致误。"焦灼"形容心里像火烤一样，十分着急和忧虑。"胶着"比喻相持不下，不能解决。以上两例指的是双方相持不下，应将两处"焦灼"改为"胶着"。

【辨析】

"焦灼"和"胶着"是一对同音词，都念 jiāozhuó。两个词语除了读音相同，在意义和用法上都不同，然而现在媒体上经常出现混淆误用情况，有必要辨析一下。

"焦灼"的本义是用火烧烤而发焦，如清代蒲松龄《聊斋志异·续黄粱》："皮肉焦灼，痛彻于心；沸油入口，煎烹肺腑。""胶着"的本义指有黏性的东西牢牢粘住难以分开，如宋代何薳《春渚纪闻·丹阳化铜》："须臾，铜中恶类如铁屎者胶着锅面，以消石搅之，倾槽中，真是烂银。"有意思的是，这样的用法在现代汉语中已不多见了。

现在常用的是两个词的引申义。当然，两者本义不同，也直接导致了引申义有显著区别。"焦灼"将像火烧烤一样的感觉比喻人心里的感受，引申出内心着急、忧虑的意思，常与名词"内心""心里""心情"以及动词"感到""觉得"等搭配，来描写人的感受。而"胶着"则由物体牢固地粘住的意思，引申指相持不下或问题不能解决，常用来描写事情的状态，如"状态胶着""比分胶着""胶着在一起"。

简言之，"焦灼"指人的内在心理状况，"胶着"指客观事物的现实状况，区别是很明显的。

【链接】"焦灼"词义的演变

"焦"本义是用火烤使物体发黄发黑，变干变脆，"灼"的本义是用火烧、炙烤，所以"焦灼"最初的意思就是烧毁、灼伤。如晋代葛洪《神仙传·焦先》："先危坐庵下不动，火过庵烬，先方徐徐而起，衣物悉不焦灼。"再由火的烧烤而引申出天气酷热之义。如唐代韦应物《夏冰歌》："咫尺炎凉变四时，出门焦灼君讵知？"又用"焦灼"比喻内心像火烤一样，引申出非常着急和忧虑的意思。如清代黄钧宰《金壶七墨·杨广文》："买户变计不许，由是昼夜焦灼。"

现代汉语中"焦灼"一词已基本不用烧毁、灼烤义和酷热义，而只留下了表示内心着急和忧虑的词义。

"接合"与"结合"之别

[错例] 1. 这篇文章的段落之间结合得很巧妙,作者具有相当深厚的写作功力。

2. 该县广大干部、群众呼吁上级机关加强对地界"结合部"的巡查督导,以确保反腐败斗争取得胜利。

【诊断】

不明"接合"与"结合"两个词的区别而致误。例1应将"结合"改为"接合"。例2应将"结合部"改为"接合部"。

【辨析】

在汉语中,"接合"与"结合"是两个音近易混词。"接"侧重物理空间上的连接或靠近,如"接近""接头";而"结"则强调凝结为一体,如"结盟""结婚"。因此,"接合"就是不同部分连接在一起,"接合"的各部分基本上是各自独立的,且有相接之处,如"骨折的接合处长好了"。"结合"则是人或事物间发生密切联系,彼此融合成为一个具有新功能的整体,如"理论要与实际相结合""这对新人的结合"。"接合"常用于比较具体的对象,而"结合"多用于比较抽象的对象。

"接合"与"结合"分别加上"部"构成"接合部"与"结合部"。根据《现代汉语规范词典》的解释,"接合部"指物体上不同构件相连接的部位,如"自行车三脚架接合部"。也指地区之间相连接的部分,相邻部队衔接的地带,如"城乡接合部""选定敌军的接合部作为突破口"。"结合部"

则指两者或数者之间有紧密关系的部分，如"西海固地区是北方游牧文化与中原文化的结合部"。"接合部"强调连接，"结合部"强调融合。

【链接】军事术语中的"接合部"

在《解放军报》上经常可看到"接合部""域接合部"等词。"接合部"这一军事术语，源于陆军战场，指两支部队作战部署相连接的地方，这些地方往往是兵力较为薄弱的地方。比如有文章写道："在瞬息万变的战场上，如果'接合部'协同不到位，往往会成为对手撕开防线、发动纵深攻击的突破口。"《解放军报》刊登的《域接合部：未来战争必争之地》一文中，"域接合部"是指"陆、海、空、天、电、网等作战域之间的连接处"，"是两个及以上作战域能力相互交叠的区域"。通过对这些军事术语的了解，我们能更好地分辨"接合部"与"结合部"的区别。

无法戴的"紧箍咒"

[错例] 1. 我以为应该学习孙悟空那种"头戴紧箍咒，照样闯西天"的大无畏精神。

2. 在这种西风强吹的情况下，中医要想活下去，就必须接受西式观念的拷问和改造，从此一顶"紧箍咒"从天而降戴在了中医的头上，这就是赛先生——科学。

【诊断】

不明"紧箍咒"词义及用法致误。"紧箍咒"是一种咒语，咒语即某些宗教里据称可以除灾降妖的口诀，是可以念出来的语句。但以上两例都错把"紧箍咒"当成了可穿戴的物品，用作动词"戴"的对象，是不妥当的。以上两例可将"紧箍咒"改成"紧箍儿"或"金箍"。

【辨析】

"紧箍咒"出自古典小说《西游记》，又叫"紧箍儿咒""紧箍经"。早在唐僧取经出发之前，如来佛送给观音菩萨几样东西，其中就有三个箍儿，分别配合不同的咒语使用。在唐僧刚从五行山下救出孙悟空并收为徒弟时，发现他仍然性泼凶顽，不服管教。于是观音菩萨就变成老妪来帮唐僧，把其中一个箍儿（又叫"紧箍儿"）送给唐僧，让他设法戴在孙悟空头上，并教给唐僧对应的咒语，这个咒语叫"定心真言"，又称"紧箍咒"（"紧箍儿咒"）。这个箍儿戴在头上一般就取不下来了。每当唐僧觉得孙悟空需要被惩罚时，就会念动咒语，孙悟空头上的箍儿就会越收越紧，让他头痛欲裂，痛不欲生。

可见，戴在孙悟空头上的"箍儿"和唐僧口中念的"紧箍咒"是两回事。"箍儿"是一个可戴在头上的圆环状物件，而"紧箍咒"则是某些宗教认为念出来具有某种特殊效果的语句。因此，只有"紧箍儿"可以作"戴"的宾语，而"紧箍咒"则不能。

后来"紧箍咒"常用来比喻约束人的东西，但在句子中还是要遵循本体自身的搭配规律，不能与"戴"搭配。

【链接】观音菩萨的三个"箍儿"

小说《西游记》中，如来佛要观音菩萨帮助唐僧完成西天取经的任务，赠与观音几样宝贝，其中有三个箍儿，分别叫作金箍儿、紧箍儿、禁箍儿，同时还传授给他三篇咒语，对应的是金箍儿咒、紧箍儿咒、禁箍儿咒。要是这些箍儿被戴在谁的头上，自然见肉生根。口念所对应的咒语，那人便会"眼胀头痛，脑门皆裂"，然后服服帖帖，乖乖听话。

"紧箍儿"被观音菩萨赐给了唐僧，唐僧将它戴在了孙悟空头上，用来约束他的鲁莽行为。在孙悟空大战黑熊怪时，观音菩萨用"禁箍儿"套在黑熊怪头上并收服了它。"金箍儿"则在收服红孩儿时被观音菩萨变作五个箍儿，分别套住他的头、双手和双脚，然后降住了他。

"紧箍咒"最为大家熟悉，而且用出了比喻义，因为它和主要人物孙悟空直接有关并且在小说中多次出现。

"敬谢不敏" 是婉拒

［错例］1. 至于有人说将农行总行改制成汇金式的
国家投资公司，负责对分拆后的各农行注
资，笔者敬谢不敏。

2. 究竟是什么原因让"主旋律"响彻
2007年？让观众对待"主旋律"从敬谢
不敏到喜爱有加？

【诊断】

不解"敬谢不敏"致误。"敬谢不敏"一般用于表示
因为自己能力不足而恭敬地谢绝别人的请托，有婉拒的意思。
例1表达的是"笔者"对银行改制的不认可，并非婉拒别人
的请托，"敬谢不敏"可以改为"不敢苟同"。例2中观众
喜欢不喜欢"主旋律"作品，与有没有能力无关，也不是婉
拒别人的请托，"敬谢不敏"可改为"兴趣不大"。

【辨析】

"敬谢不敏"原作"谢不敏"。出自《左传·襄公
三十一年》："赵文子曰：'信，我实不德，而以隶人之垣
以赢诸侯，是吾罪也。'使士文伯谢不敏焉。"意思是说晋
国以隶人住的地方去接待诸侯，赵文子承认这是错误的，于
是就派士文伯向郑伯"谢不敏"。"谢"即谢罪，道歉；"不
敏"即不才，无才能。"谢不敏"即"因不敏而谢"，用来
表示歉意。后来用"敬谢不敏"表示对某事因为自己才能不
够，只得谢绝，是推脱做某事的婉辞。鲁迅《二心集·做古
文和做好人的秘诀》："于满肚气闷中的滑稽之余，仍只好

诚惶诚恐，特别脱帽鞠躬，敬谢不敏之至了。"

"敬谢不敏"是针对某种要求或请托的委婉推辞，常以自己能力不够为由，也不宜用于一般性不愿从事的事情，如："小甘约我晚上去看一位老同学，我因为另有安排，只能敬谢不敏了。"此句中"敬谢不敏"就用得不妥。"敬谢不敏"有谦辞的特点，只能用于自己对他人的婉谢，而不能用于他人。

【链接】"谢"字古有推辞义

对于"谢"字，现在人们最熟悉的是"感谢"的意思，其实，"推辞"也是"谢"在古代汉语里的常用含义。

"谢"是一个形声字。《说文解字》："谢，辞去也。从言，射声。""谢"字本义为辞去、辞职。《礼记·曲礼上》："大夫七十而致事，若不得谢，则必赐之几杖。"再引申出"推辞、拒绝"。《史记·项羽本纪》："婴（陈婴）谢不能，遂强立婴为长，县中从者得二万人。"。"谢"的这一意思在现代汉语的某些词语中还有保留，如"杜门谢客、谢绝、谢却、推谢、辞谢"等。

"久假不归"指长假?

[错例] 1.在这种情况下,职工自行离队、不辞而别、久假不归的现象开始蔓延。

2.总务处处长久假不归,由其秘书暂代。

【诊断】

对成语望文生义致误。将成语"久假不归"中"假"理解成"假期","归"理解成"回归",错把成语理解成了长时间休假不回去。两例中的"久假不归"可改为"长期告假不归"。

【辨析】

成语"久假不归"中,"假"读作 jiǎ,是"借"的意思,"归"即"归还"。"久假不归"出自《孟子·尽心上》:"尧舜,性之也;汤武,身之也;五霸,假之也。久假而不归,恶知其非有也。"大意是:尧、舜施行仁义是本性使然,汤、武施行仁义是亲力亲为,而春秋五霸则是借仁义之名来实现自己的霸业。长时间地借这种仁义之名而不归还,又怎么能知道他们有没有仁义呢?"久假不归"本义是指假借仁义之名而没有真正去施行。

后来,"久假不归"被用来指长期借用而不予归还。如宋代王明清《挥麈后录》卷七:"煨烬之余,所存不多。诸侄辈不能谨守,又为亲戚盗去,或他人久假不归。"叶圣陶《致姜德明》:"前承赐《门外文谈》一册,为友人携去,久假不归,亦望再以见贶。"有时也指人被借用,如:"有些校长被调出去做临时工作,久假不归。"

弄清楚"久假不归"中"假"的读音，对于掌握这个成语的意思很有帮助。汉语中并没有"久假（jià）不归"这个成语。另外，"久假不归"中"归"是"归还"而不是"归来"。

【链接】"假（jiǎ）"与"假（jià）"

"假"字原作"叚"，本义为借。金文字形象在山崖下两只手（代表两个人）以物相付的情形。《说文解字》："叚，借也。"也就是把东西借给别人的意思。如明代宋濂《送东阳马生序》："家贫，无从致书以观，每假借于藏书之家，手自笔录，计日以还。"再引申出抽象义的凭借、假借，如《荀子·劝学》："君子生非异也，善假于物也。"还有"假借""假座""假公济私"等词语。

"假"由以物相付引申出"非原本的、不真实的、虚假的"。例如《史记·淮阴侯列传》："大丈夫定诸侯，即为真王耳，何以假为？"

古时部落之间物物交换活动通常发生在农作之后，所以"假"又引申为不工作的时间，即休假。如南朝裴松之注引晋代鱼豢《魏略·苛吏传》："时有吏，父病笃，近在外舍，自白求假。""假"的这个字义与读音是晋代以后才流行的。

在现代汉语中，"假"用作"借、租借""凭借""不真实"这些意思的时候，读作jiǎ，指"不工作的时间"时读作jià。读音不同，意思也有很大区别。

"举案齐眉"的是夫妻

[错例] 1.他们一家三代，十多年来和睦相处，互敬互爱，真可谓举案齐眉。

2.虽然我不鼓励刻意迎奉，却也期待婆媳之间彼此可以做到举案齐眉，给予对方起码的尊重。

【诊断】

不明"举案齐眉"的适用对象而致误。"举案齐眉"一般只用于形容夫妻之间的感情，而不能用于其他的人与人之间的关系。例1可将"举案齐眉"改为"和和美美"，例2可将"举案齐眉"改为"互敬互谅"。

【辨析】

"举案齐眉"出自《后汉书·逸民列传》的"梁鸿传"。梁鸿，字伯鸾，东汉文学家，家贫好学，和妻子孟光隐居霸陵山中，以耕织为生。曾因事经过洛阳，看见都城宫室富丽奢华，写了一首《五噫歌》，对统治者的奢靡有所讽刺，因而为朝廷所忌。于是他和妻子逃到了齐鲁之地，后又迁到吴地，投奔世家望族皋伯通，住在廊下，受雇给人舂米。妻子孟光为他奉上饭食，把端饭的托盘举得高高的，与眉毛齐平，以示敬爱。这是妻子孟光敬重丈夫梁鸿的一种表现，后来常用"举案齐眉"来形容夫妻之间互敬互爱。现在在实际使用中，"举案齐眉"常被随意扩大适用范围，如用于夫妻之外的亲人之间，这类错误应尽量避免。

【链接】"案"指何物

"举案齐眉"这个典故中，孟光所举的"案"究竟是怎样一种器物呢？在中国古代，"案"作为器物名可以用来指以下几种不同的东西。

一是指狭长的桌子或架起来代替桌子用的长木板。如唐代李白《下途归石门旧物》诗："羡君素书尝满案，含丹照白霞色烂。"现代人所说"伏案工作""拍案而起"中的"案"就是这个意思。

二是指坐具。《周礼·天官·掌次》："王大旅上帝，则张毡案。"贾公彦疏："案，谓床也。""床"就是坐具。现在"案"已没有这样的意思。

三是指有短足的托盘。《急就篇》卷三："榃杅槃案杯閤盆。"颜师古注："无足曰槃，有足曰案，所以陈举食也。"也就是说古代盛食物的托盘主要是木制的，一种是没有足的，叫"槃"（同"盘"），一种有足的就叫"案"。

"举案齐眉"中的"案"，指的就是有短足的托盘，而不是桌子或坐具。也正因为现代汉语中，"案"已没有指托盘的意思了，所以给我们在理解上造成了困难。

何来下"军令状"?

[错例] 1.除了常规的报目标、下军令状、分享等形式外，有的团队还会搞一些活动，比如手拉手肩并肩闯关、拔河比赛等。

2.他了解到我们村的情况后，给我下军令状，要求我们在明年年底前完成集体产权制度改革。

【诊断】

不明"军令状"词义而搭配失当致误。军令状原是将士写的保证书，表示不能完成任务愿受军法处置。"军令状"不是上级向下级传达的军事命令，"下"与"军令状"搭配有误。例1中"下军令状"可改为"立军令状"，例2中"下军令状"可改为"下军令"。

【辨析】

"军令"与"军令状"不是一回事。"军令"指军事命令，通常是由上级对下级发布指示，以要求其严格执行，故有"军令如山""军令不可违"之说。"状"是一种文书，常用于向上级陈述意见或事实。"军令状"指下级接受上级军令后写的保证书，表示如不能完成任务，愿依军法受罚。

"军令"作为命令的一种，是军队中上级对下级提出的、具有约束性的指令。指令的内容主要反映上级的意志，下级通常处于被动接受和执行的地位。常用"颁布""发布""下达""传达"等动词来表示命令由上及下的传递过程。"下达军令"也可以说"下军令"。

"军令状"作为一种文书，其中写明了上级军令的内容、下级完成军令的保证及不能完成的处罚措施等内容，需要上下级双方完成书面订立过程，常用"订立""立"等动词来表示军令状的确立。

现在"军令状"一词已不限于用在军事方面而用于更广的范围，常借指接受任务时所作的按时完成任务的保证，大致相当于责任书，有时也不用书面文书，只需口头确认。但是相应的词语搭配还需基于原本的事理。

还需要注意的是，我们可以说"军令如山"，但不能说"军令如山倒"。"军令如山"指的是军事命令像山一样不可动摇，下级接到军令必须立即执行、坚决执行。俗话有"兵败如山倒"，指的是军队打了败仗，士气低落，如山崩塌一样。"军令"如果像山一样倒了，还怎么让人执行呢？

【链接】古代的"军令状"

在古代，"军令状"与军队的作战使命密切相关，目的是强化将领在作战中的责任感，确保取得战斗的胜利。英勇好战的将领为了取得首长的信任，也会主动请战。军令状多以书面形式呈现，责任人要在上面签字画押。

有关军令状的故事在《三国演义》中有很多。诸葛亮草船借箭之前，周瑜要求他在十日之内督造十万支箭，诸葛亮表示三日即可完成任务，胸有成竹地立下了军令状，最终也超额完成了任务。诸葛亮派马谡镇守街亭时，马谡主动签署了军令状，但最终失了街亭大败而归。

从今天的角度看，古代将领立军令状这一行为贵在自我施压，不留后路，展现了置之死地而后生的决心和勇气。这种精神往往就是打胜仗的关键因素。

"堪忧"前不能加"令人"

[错例] 1.有人认为，网络语言脱离了网络环境，便成为令人堪忧和让人不可接受的语言了。

2.在小巷和国道两旁的卫生死角依然较多，基层卫生环境治理仍然令人堪忧。

【诊断】

结构杂糅致误。"堪忧"义为"令人担忧"，前面再加上"令人"，结构上叠床架屋、画蛇添足。可以将"令人堪忧"改为"令人担忧"，或者直接删除"令人"。

【辨析】

"堪忧"在《现代汉语词典》里的解释为"令人担忧"。"堪"义为值得，"忧"义为担忧、忧虑，合起来就有"值得忧虑"的意思。

"堪忧"一般用在表示人、事、物的名词后，譬如"性命堪忧""前景堪忧"，"忧"的对象分别是"性命"和"前景"。

如果在"堪忧"前面加上"令人"，变成"性命令人堪忧""前景令人堪忧"，不但结构杂糅，意思也令人费解。"令人堪忧"是一个兼语结构，其中"人"是兼语，作为使令动词"令"的宾语，同时又作为"堪忧"的主语。本来说的是某某事情堪忧，一旦加上"令人"，"堪忧"的反而成了"人"，完全错了。类似的错误还有"让人堪忧""使人堪忧""叫人堪忧"等。

可能因为"堪忧"是一个书面语词，有人觉得用起来显得比较文气，于是就随意地用"堪忧"来代替"担忧"等更通俗的词，殊不知它们不能随意替换。

【链接】"堪"的词义引申

"堪"本义指地面突起处。《说文·土部》："堪，地突也。"段玉裁注："地之突出者曰堪。"古代也指用于祭祀、庆典的巨大土台。引申出承受、经受、胜任等义，如"难堪大用""不堪重负""狼狈不堪"。再进一步虚化，引申出可以、能够、值得、足以等义，如"堪称""堪当"等。

"堪"后面可以接情感类动词组成系列词语，除"堪忧"外，常见的还有"堪喜""堪悲""堪怜""堪虞""堪虑""堪羡"等，都不能在前面加上"令人"。

"考察""考查"要辨明

[错例] 1. 这套1932年发行的西北科学考查团纪念邮票，是民国时期发行的一套非常特殊的纪念邮票。
2. 若想深入考查该地区，你要提前联络，并在当地人引导下，才能一窥其中奥秘。

【诊断】

不明"考察"与"考查"的词义区别致误。例1指实地观察调查，用"考查"不恰当，应将"考查"改为"考察"。例2也是到当地察看了解情况，同样要将"考查"改为"考察"。

【辨析】

"考察"和"考查"两个动词，读音相同，且都有指通过一定的方式或手段了解和弄清情况的意思，很容易混淆，需仔细分辨。

首先，主体与对象不同。"考察"的主体一般没有特殊规定，可以是单位派出人员到某地进行考察，也可以是个人的考察活动。"考察"的对象，可以是山川、地质、工程等，也可以是就某重大社会现象或项目等所需了解的有关情况等。"考查"一般是上对下的考核行为，主体是上级部门或个人，对象则是下级部门或个人，如教师考查学生的成绩，组织人事部门考查干部的表现，等等。

其次，采用方法不同。"考察"主要用观察、调查、研究等方法，对观察对象不带任何先入之见，结论要根据获得的资料和信息分析研究后得出。而"考查"则需借助检查、核查、审查等手段，按照某一预定的优劣标准来进行，如学校关于学生学业水平的标准、用人部门对德才兼备干部的要求，等等。

再次，行为目的不同。"考察"往往是在细致深刻地观察、开阔眼界的基础上掌握情况，取得经验，借以改进工作，或推广实施。而"考查"则要根据检查的情况，对被考查的对象做出评价，确定优劣，然后视情况采取进一步措施。如学校教师根据对学生学业考查的情况调整教学方法，用人部门根据干部的品德和业绩决定干部的任免和升降。

【链接】学业考核应用"考查"

一些教学文件如课程标准、考试大纲等，通常会有涉及学生学业考核评价的内容，有关表述有时会把该用"考查"的地方误用为"考察"。

如某市《中高职贯通教育信息技术课程标准（试行稿）》第 47 页："中高职贯通教育信息技术课程对学生的学业水平评价，应从情感态度与社会责任、数字化学习、创新与发展能力、解决问题能力等方面考察学生的信息素养水平。"《中高职贯通教育数学课程标准（试行稿）》第 33 页："本教学案例综合考察了随机事件和概率的概念，并为后续学习随机变量的概念做了铺垫。"这些关于教学内容的考核评价，是教师对学生学业，按照一致的标准进行检查、衡量、审核的意思，因此应用"考查"而不能用"考察"。

什么人可称"苦主"？

[错例] 1. 在 CBA 联赛中，山东队可以算是北京首钢的"苦主"了。

2. "南离大将军"石宝杀了五个梁山好汉，而"小养由基"庞万春却杀了七个梁山好汉，从这里可以看出庞万春是梁山好汉们最大的苦主。

【诊断】

因不明"苦主"词义致误。"苦主"原本指人命案中被害人的亲属，后来也泛指其他案件受害人或其家属。但在上面例 1 中"苦主"被用来指竞技比赛中一直能给自己带来麻烦的、难以战胜的对手，在例 2 中"苦主"被用来指死对头、仇敌，都用错了。两例中的"苦主"可以改为"宿敌"或"仇敌"。

【辨析】

"主"在汉语中可指作为主体的人，如"失主"指失落或失窃财物的人，"货主"指拥有货物所有权的人，"买（卖）主"指购买（出售）货物的人，等等。"苦主"从字面去理解就是承受苦痛的人。现行词典解释"苦主"指命案中被害人的家属。

"苦主"是古代法律用词。《元史·刑法志四》："诸两家之子，昏暮奔还，中路相迎，撞仆于地，因伤致死者，不坐，仍征钞五十两给苦主。""苦主"在明清小说中比较常见。在现代汉语中，"苦主"的词义范围扩大，也用来指一般案件的受害人。如某报新闻标题"老年人成庞氏骗局最大苦主"。

体育新闻中经常看到"苦主"一词，用来指比赛中给自己带来痛苦和麻烦的对手。但是，如此的对手完全与"受害者"沾不上边，令人费解，是一种典型的误用。

【链接】"苦主"是一种婉曲表达

古代称案件中被害人家属不直接使用"死"这样的字眼，而称"苦主"，这是一种婉曲修辞。婉曲就是对不便直截了当表达出来的意思，用委婉曲折的方式、含蓄闪烁的言辞来表达。对一些粗俗的、冒犯他人的或者犯忌讳的言辞，人们就会避开直白的说法而用另一种比较委婉的表达来代替。

从古到今，"死"都是忌讳的话题。人们对"死"有很多委婉的说法，古时候说"崩""薨""卒""殁""不禄"等，现在常说"逝世""离世""仙逝"等。在指称命案中死者的家属时，使用"苦主"这一说法，意思是因家人被害致死而受苦难的人，避开了"死"甚至"被害"这样的字眼儿，无疑是一种婉曲的表达方法。

衰残零落是"阑珊"

[错例] 1.每当华灯初上的时候，在夜色阑珊中，成双作对的男女，陆陆续续地向湖边走来。

2.一顿节日晚餐吃了三个小时，大家还是意兴阑珊，言犹未尽。

【诊断】

不明"阑珊"的词义致误。例1用"阑珊"形容夜幕初降时候的情景，例2用"阑珊"形容人们兴致很高的样子，都错将"阑珊"理解成了初兴、繁华、旺盛之类的意思，完全把词义弄反了。

【辨析】

"阑珊"是一个叠韵联绵词，主要意思是"将尽；衰落"（《现代汉语词典》），在具体语言实际运用中又可有多方面的意思和用法，主要有以下几方面：

一是表示"衰减、消沉"，表示做某事的兴致渐渐消减了，常形容酒兴、诗兴等。如唐代白居易《咏怀》："白发满头归得也，诗情酒兴渐阑珊。"

二是表示"暗淡、零落"，常用来形容灯光、星火暗淡或稀疏。如宋代辛弃疾《青玉案·元夕》词："众里寻他千百度，蓦然回首，那人却在，灯火阑珊处。"

三是表示"残、将尽"，经常形容景色、酒宴等已近尾声，不再繁华热闹。如鲁迅《华盖集·"碰壁"之后》："此刻太平湖饭店之宴已近阑珊。"

四是表示"凌乱、歪斜"，常形容字迹、衣饰等凌乱

102

不规整等。如唐代李贺《李夫人歌》："红壁阑珊悬珮珰，歌台小妓遥相望。"

五是表示"困窘、艰难"，常用来指境遇不好，处境艰难。宋代苏轼《减字木兰花·送赵令》词："官况阑珊，惭愧青松守岁寒。"

从这些解释来看，"阑珊"根本没有繁华、热闹、昂扬之类的意思，而恰恰相反，表示的是一种衰残、冷清、低落的境况。

【链接】"灯火阑珊处"是怎样的境界

王国维在《人间词话》中以宋词中的语句形容"古今之成大事业、大学问者，罔不经过三种之境界"。前两种境界：一是"昨夜西风凋碧树，独上高楼，望尽天涯路"，意为古今有大作为成大功业者，要不怕孤寂，登高望远，确立明确的目标；二是"衣带渐宽终不悔，为伊消得人憔悴"，意指为追求自己的理想，不辞辛劳，经万难而不悔。

那么，第三种境界是怎样的呢？"众里寻他千百度，蓦然回首，那人却在，灯火阑珊处。"词句的意思是：我在人群中寻找心上人千百回，猛然一回头，不经意间却发现心上人就在那灯火零落之处。喻指在做学问、干事业的过程中，经过苦苦追求、艰辛探索，正值失望和困惑之际，突然有了收获。准确理解这一境界的关键之一就是"阑珊"一词。"灯火阑珊"是指灯火稀疏、零星，而不是灯火璀璨、辉煌。原词句中"那人"在灯火零星的地方，充分显示了其与众不同和孤高。王国维将此视为成大事业、大成就者的最高境界，表现出名士的高洁之态。

"滥觞" 与 "泛滥" 无关

[错例] 1. 在传统的景点观光游之后，实景演出已
经成为打造城市旅游名片，进行城市综合
营销的"法宝"，在各地成滥觞之势。
2. 现在铺天盖地的"网络人肉"近乎失控，
近乎滥觞，这不应是我们社会的常态。

【诊断】

不明"滥觞"的词义致误。两例都把"滥觞"当成了"泛
滥"的同义词。两者虽都有"滥"字，但在意思上有明显差
别，不能混淆。上面两例都应将"滥觞"改成"泛滥"。

【辨析】

"滥觞"一词中，"滥"是"浮起"的意思，"觞"
读 shāng，是古代的一种酒器，"滥觞"就是酒杯浮起来的
意思。如《孔子家语·三恕》："夫江始出于岷山，其源可
以滥觞。"意思是江河发源的地方水少，只能浮起酒杯。后
来用来泛指事物的起源。有时用作名词，相当于"源头"，
例如南朝梁钟嵘《诗品》序："虽诗体未全，然是五言之滥
觞也。"有时用作动词，相当于"起源"，如郭沫若《今昔
集·论古代文学》："中国文化大抵滥觞于殷代。"

"泛"和"滥"都是漂浮的意思，"泛滥"指江河湖
泊的水溢出，四处流淌。再比喻引申出了一个常用的意思：
坏的事物不受限制地流行。

"滥觞"和"泛滥"虽然词义都和"滥"的本义有关，
但是两者词义大相径庭，不可混淆。在感情色彩上，"滥觞"

是中性词，可用于指各种事物的起源，而"泛滥"带有贬义色彩，常用于形容不好的事物扩散失控。

【链接】古代风俗"曲水流觞"

"上巳节"是汉民族传统节日，原本定为三月上旬的巳日，魏晋以后确定为三月初三。上巳节时，人们到水边举行仪式，叫作"祓除"或"修禊"。"祓"指巫术仪式，"禊"有清洁的意思，取洗涤积秽、祛除不祥之意义。

曲水流觞是由上巳节派生出来的风俗。人们在举行修禊仪式后，就在环曲的水流边聚会，临水设宴，让觞顺流而下，觞在谁面前打转或停留，谁就要取来饮酒，这就是所谓"流觞"。"觞"是古代的一种酒器，体小而轻，可浮于水中，两侧各附一耳，就像一对羽翼，故称"羽觞"或"耳杯"。

历史上最著名的流觞之会发生在东晋永和九年的会稽山兰亭，这次聚会留下了"天下第一行书"《兰亭集序》。参加聚会的有王羲之、谢安、孙绰等四十多人。他们在修禊仪式后，举行了曲水流觞活动。如此风流雅会，大家按照流觞的规矩饮酒赋诗。事后，王羲之把大家的诗作收集成册，并挥笔写下了书文绝世的《兰亭集序》。

"里外里" 不表方位

[错例] 1.这栋大楼里外里都贴上了醒目的宣传海报。

2.她这一嗓子，办公室里外里都能穿透，立刻就有同事冒出来回答她。

【诊断】

不明"里外里"词义致误。"里外里"是副词，与复合方位词"里外"有区别。例1、例2中的"里外里"可改为"里里外外"或"从里到外"。

【辨析】

"里外里"本是北方方言词语，后来进入了普通话，《现代汉语词典》《现代汉语规范词典》等常用工具书都收录了这个词。

"里外里"作副词用，主要有两方面的意思。第一，表示从相对的或不同的两方面合计。如："这个月省了五十块钱，爱人又多寄来五十块，里外里有一百块的富余。"第二，表示不论怎么计算（结果还是一样）。如："坐1号线换2号线要用半小时，坐1号线换3号线也要用半小时，里外里一个样。"

可见，"里外里"和数量计算有关，字面意思是从里到外再从外到里反复核算，实际上是表示从相对或不同的两方面合起来计算。如果把"里外里"的意思理解成方位词的简单组合，那就错了。

【链接】"里"和"裹"

我们在日常生活中，经常见到某些景区的介绍文字中，将"故里"一词的繁体字写为"故裹"，这是不对的。

我们知道，简化字和繁体字之间有不同的对应关系，其中一种是：简化字本有其字，又和某一个繁体字对应，比如"松"和"鬆"，还有"里"和"裹"。

"里"和"裹"两个字古代都有，读音相同，但意义不同。

"里"，字形为上田下土。《说文解字》谓："里，居也。从田从土，凡里之属皆从里。"《王力古汉语字典》解释"里"字主要有四个意思：一、宅院，住宅区；二、古代一级居民组织单位；三、家乡，故里；四、长度单位。可见"里"和居住区域或长度有关。

"裹"（异体作"裡"），字形为"里"在"衣"中。《说文解字》谓："裹，衣内也。从衣里声。""裹"是一个形声字，"衣"表形义，"里"表声音。按《王力古汉语字典》解释，"裹"主要意思有两个：一、衣服的内层；二、引申为里面，内部。

现在，"里""裹"已经统一规范简化为"里"字。在简化字转换成繁体字时，尤其要当心，不要将"故里"误写作"故裹"。

"俩" 就是 "两个"

[错例] 1. 玉帝又怕他俩个偷懒，每天就叫他俩个在天上轮流扫街。

2. 住所并不宽敞，老俩口依然把儿子打发到集体宿舍去住，而让女儿有自己的一间小屋。

【诊断】

不明"俩"的词义与用法致误。"俩"是"两"和"个"的合音，已经包含了量词"个"，后面不能再接量词。例 1 可以将两处"俩"都改成"两"，或者删除两处量词"个"。例 2 可将"老俩口"改成"老两口"。

【辨析】

"俩"有两个读音：一个读音为 liǎng，可组成"伎俩"，表示做坏事的手段、花招儿，用法比较简单；另一个读音是 liǎ，容易出错的是当"俩"读这个音的时候。

"俩（liǎ）"是从北方方言来的词，它的读音很独特，现代汉语拼音里，读这个音的字仅此一个。它在意义和用法上也比较复杂。它是数词"两"和量词"个"的合音词，也就是用"俩"表示"两"和"个"两个字的意思，经常用在口语中，如常说的"父子俩、兄弟俩、夫妻俩、爷儿俩、他们俩"等，一般能用"两个"的地方，基本上都可以用"俩"替换。

容易出现的错误是把"俩"等同于"两"，在"俩"后面再接上"个"或其他量词，如不能说"父子俩个、爷儿俩个、俩个人"等。不能用数量短语"两个"的地方，也不能用"俩"，如不能说"俩天""俩年""俩分钟"等。

"俩"有时候不表确数，而是表示数量不多的几个，如"仨瓜俩枣"。特定语境中，"俩"后的名词可以省略，如俗语"老将出马，一个顶俩"。

【链接】汉语的合音词

合音词是汉语词汇中由双音节（多音节）词语转化而成的单音节词语。也就是用一个单音词表示两个或多个词的意义。读音就是两个字的合音。合音词在古代汉语中比较常见。例如：

诸：常作代词"之"和介词"于"的合音词，或者代词"之"和语气词"乎"的合音词。如《列子·汤问》："投诸渤海之尾。"《论语·颜渊》："虽有粟，吾得而食诸？"

盍：疑问代词"何"和否定副词"不"的合音词。如《论语·公冶长》："盍各言尔志？"

叵：否定副词"不"和能愿动词"可"的合音词。如《后汉书·吕布传》："大耳儿最叵信！"

古代的合音词大多数已在现代汉语中消失了，但现代汉语中又出现了一些新的合音词，例如"孬"（"不"和"好"合音）、"甭"（"不"和"用"合音）、"覅"（"不"和"要"合音）、"仨"（"三"和"个"合音）等。现代汉语中这些合音词都有同一个源头，那就是来自不同的方言。

"邻近"属于空间概念

[错例] 1. 我们聚会的时间邻近了，即将飞往危地马拉，不知我们见面时会是怎么样的情景。
2. 邻近期末考试，同学们都在教室里认真复习，校园里显得特别安静。

【诊断】

混淆"邻近"与"临近"致误。两个词语虽然有时可以通用，但是词性不尽相同，而且某些情况下用法有别。以上两例中的"邻近"应改为"临近"。

【辨析】

"临近"和"邻近"是一组同音词，都有"靠近、接近"的意思，但它们的语法功能和适用对象有所不同。

这两个词都可以做动词，表示"靠近"的意思。"临近"可以表示静态空间的接近，如"学校临近一条河"，也可以指动态的逐渐接近，如"火车就要临近上海了"。"临近"还能指时间接近，如"临近中午""春节临近"。

"邻近"通常只表示静态距离上的接近，如"避暑山庄邻近太湖"。"邻近"只能用于空间接近，不能用于时间接近。另外，"邻近"还可以作名词，表示"附近""近旁"，如"学校邻近有一座公园"。而"临近"则不可以作名词用。

【链接】说"邻"

"邻"的繁体字为"鄰"，本义是古代行政单位。《说文·邑部》："五家为邻。"从邑，粦声。凡是从邑（右"阝"

旁）的字,本义多与邦国、区域、地名、居邑等相关。"邻"
的本义就是指一种居民组织,每五家为一邻。不过在我国古
代,不同时代邻的大小并不完全一致,还有四家或八家为一
邻的情况。"邻"之上的单位为"里","五邻为里",所
以有"邻里"之说。

　　由本义引申出住处相连、接近的人家,即邻居。如"智
子疑邻""以邻为壑"。再引申泛指相连、相近。老子《道
德经》:"邻国相望,鸡犬之声相闻,民至老死不相往来。"
表示空间位置接近的"邻近"之义由此而来。

"聆听"对象有讲究

[错例] 1.培训时，她站在最不起眼的边角，时而舞动扇巾，时而聆听我讲解，专注的眼神和堆满笑容的脸让我更有了解她的冲动。

2.非常感谢您能聆听我的演讲，不知道您是否听得出来，其实我是一名口吃患者……

【诊断】

不清楚"聆听"在特定场合下的敬辞用法致误。"聆听"是动词，表示认真仔细地听，一般指听话人对说话人态度尊敬，不适合用于他人听自己讲话的场合。例1中的"聆听"可改为"凝听"。例2中的"聆听"可改为"垂听"。

【辨析】

"聆"指听、闻，从耳从令，令声，是形声兼会意字。"令"义为吩咐，"耳"与"令"合起来表示"倾听吩咐"，这是其本义。引申义为"仔细地听"。如汉代张衡《思玄赋》："聆广乐之九奏兮。"

在古代汉语中，"聆"还组成"聆受、聆取、聆听、聆教、聆训、聆韶、聆音、聆风、拜聆、侧聆、俯聆、仁聆"等词语。从这些词语可以看出，"聆"带有明显的恭敬肃穆之义。

"聆"构成的许多词语逐渐不被使用，但"聆听"是比较常用的一个。"聆听"见于汉代扬雄《法言·五百》："聆听前世，清视在下，鉴莫近于斯矣。"意思是集中精力、认真地听。

使用"聆听"时要注意听话人和说话人的关系。如果听者和说者是下对上的关系，如学生对老师、晚辈对长辈、下级对上级，用"聆听"含有听者对说者的崇敬之情，多用于听取自己敬重之人的谈话和教诲。如果听者和说者是对等关系甚至是上对下的关系，用"聆听"则表示听者的诚恳谦虚和对说话者的尊敬。因此，对于自己听取他人的言语用"聆听"常有崇敬、谦逊的意味，反过来说别人"聆听"自己的话语，就不适宜了。

【链接】PPT 结尾的"感谢聆听"

在演讲报告结束后，有些主讲人往往会说上一句"感谢各位聆听"，或者在演示的 PPT 结尾打出"感谢聆听"之类的话。他们的本意是要表达对听众的谢意，但结果适得其反，让人觉得不够谦虚。因为"聆听"具有听者对说者表示尊敬的色彩，而"感谢聆听"等把自己放在尊者的位置，是不恰当的。经常看到的错误还有"敬请聆听"等，都应该予以纠正。

汉语中有其他双音节词表示"听"，可以在这种情境下替换"聆听"。

例如"凝听"。"凝"是专注的意思，"凝听"表示专注地、聚精会神地听，通常不附加尊敬的色彩。由"凝"组成的"凝视""凝望""凝思""凝想"等也是如此。

又如"垂听"。"垂"是敬词，有表示对方降低身份、屈尊来做某事的意思，多用于称别人（多为长辈或上级）对自己的某些行动，如"垂询""垂问""垂爱""垂察""垂教""垂念"。"垂听"与"聆听"恰相反，是对听者表示敬意，具有尊人抑己的表达效果，还不失庄重的语体色彩。

"漏网之鱼"指坏人

[错例] 1. 内部挑选有潜力的员工进行测评，外部通过招聘筛选，往往有一些较好的漏网之鱼可以进入企业人才资源库。

2. 学校人事科对一年来获得各项奖励的教职员工人数进行了汇总。为了统计结果的准确，防止出现漏网之鱼，他们反复检查并核对了各项数据。

【诊断】

弄错适用对象致误。"漏网之鱼"形容人的时候，只能用于指侥幸脱逃的罪犯、敌人等。上面两例分别将"漏网之鱼"用于公司员工、学校教职员工，属于误用。

【辨析】

"漏网之鱼"一语见于《史记·酷吏列传序》："网漏于吞舟之鱼。"意思是说汉朝初年修订的法律太宽松，就像渔网疏宽以致让大鱼漏出网外，重犯也能逃脱惩罚。后用"漏网之鱼"比喻侥幸逃脱危难的人。如元代关汉卿《陈母教子》"你这漏网之鱼都跳过"。

"漏网之鱼"在古代基本没有明显的褒贬色彩，但在现代汉语中描写人的时候，适用范围变小了，一般只用于贬斥、厌恶的对象，带有贬义色彩。主要有两种情况。一是用来比喻在战斗中没有被歼灭而侥幸逃脱的敌人，例如："伪军被打得丢盔弃甲，急急像漏网之鱼，向四处逃奔。"二是形容逃脱规则限制或法律惩罚的违规、违法者，例如："如果查处不力、不及时，许多犯罪者成了漏网之鱼。"

"漏网之鱼"现在还常用于形容事物，指因意外而脱离了处置范围的对象，例如："我一道道题都仔细检查过了，没想到还有漏网之鱼。"

【链接】"网"的词义演变

《说文解字》释"网"："庖牺所结绳以渔。"传说网是庖牺氏发明的渔猎工具，最初的用途不限于捕鱼，还用于打猎。例如《庄子·胠箧》："钩饵、网罟、罾笱之知多，则鱼乱于水矣。"这里的"网"是渔具。再如《盐铁论·刑德》："网疏则兽失。"这里的"网"则是猎具。"网"还可以用作动词，表示用网做工具来捕捉，如"网住一条大鱼"。

"网"还引申指像网的东西，如"蜘蛛网""球网"等。又引申指像网一样纵横交错的组织或系统，如"法网恢恢""关系网"等。当今在人们日常生活中不可或缺的计算机网络，是由许多台计算机互相连接从而实现信息资源共享交流的系统，在结构上就像一张网，"上网""网站""网页""网民"一系列日常用词都由此而来。

月"朦胧"，眼"蒙眬"

[错例] 1.睡眼朦胧中，我们经常被一阵阵"呼——
　　　　呼——呼"的声响吵醒，母亲已经开始拉
　　　　风箱烧火做饭了。
　　　　2.昏昏然、陶陶然，忘其形骸、飘飘欲仙，
　　　　在醉眼朦胧中，寻求精神的慰藉。

【诊断】

　　混淆"朦胧"与"蒙眬"致误。两个词不但音同、形近，而且都有模糊不清楚的意思，但描写对象不同。以上两个例句描写人眼睛的状态错用了"朦胧"，应该改为"蒙眬"。

【辨析】

　　"蒙眬"和"朦胧"是两个联绵词，都读 ménglóng，意思都和看事物模糊不清有关，经常被混淆误用。

　　"蒙眬"，原写作"矇眬"，以"目"为形旁，词义与眼睛有关。1956 年国务院公布《汉字简化方案》，"矇"简化为"蒙"，现在"蒙眬"为规范词形。"蒙眬"是形容词，形容快要睡着或刚醒时眼睛半开半闭、视物不清的样子，例如"睡眼蒙眬""醉眼蒙眬""泪眼蒙眬"等。

　　"朦胧"，以"月"为形旁，本来的意思和月亮有关，形容月光不明，如"月光朦胧"。引申形容物体模糊、不清楚，如"暮色朦胧""远山一片朦胧"。还可以用来形容抽象的事物，如"往事朦胧"。

　　简单地讲，"蒙眬"是指人的眼睛不在正常状况下而看外界事物模糊不清，事物本身并不模糊。"朦胧"是指事

116

物本身模糊不清，人的眼睛处于正常状态。

【链接】联绵词

联绵词是汉语词汇中一类特殊的词，指双音节的单纯词，两个音节表示一个词素而不是两个词素。单个字往往仅具有表音功能，并不能独立表达意义，不能拆开来解释。联绵词主要有以下三种类型：

一、双声联绵词。即两个音节的声母相同的联绵词。如"仿佛""伶俐""蹊跷"等。

二、叠韵联绵词。即两个音节的韵母相同或相近的联绵词。如"逍遥""葫芦""窈窕"等。

三、非双声非叠韵联绵词。即既非双声又非叠韵的联绵词。如"妯娌""玛瑙""葡萄"等。

本文讨论的"蒙眬"和"朦胧"，还有日常使用的"曚昽"（形容日光不明），属于非双声非叠韵联绵词一类。

联绵词往往在声韵上和谐悦耳，带有一种音乐般的节奏感，使得语言表达更加生动传神。它们丰富了汉语的词汇表达，为我们提供了更多细腻地描述世界的方式。

"目无全牛"并非只见局部

[错例] 1.在研究中,首先必须知晓通史。专而不通,
　　　　必然目无全牛,失之偏颇。
　　　　2.对于此类题型,考生应考时切忌目无全
　　　　牛,一定要瞻前顾后,把握住句与句之间
　　　　的逻辑关系。

【诊断】

对成语"目无全牛"望文生义致误。"目无全牛"常
用来形容技艺纯熟精湛,不是只顾局部不顾整体的意思。上
面两例想要表达的是"只看到局部,没有大局观",结果词
不达意,可将"目无全牛"改为"一叶障目,不见森林",
或直接改为"只见局部"。

【辨析】

"目无全牛"语本《庄子·养生主》:"始臣之解牛之时,
所见无非牛者;三年之后,未尝见全牛也。"这段话是说,
庖丁开始宰牛的时候,看到的是整个的牛,几年以后技术纯
熟了,看到的只是牛的筋骨结构,而不再是整个的牛了。后
以"目无全牛"比喻对事物的整体和各个组成部分之间的关
系已经了如指掌,因而处理起来极为准确熟练。例如唐代杨
承和《梁守谦功德铭》:"操利柄而目无全牛。"谢觉哉《不
惑集·目无全牛》:"我们称赞人会办事,常说他'目无全
牛',意思就是说他碰到一件事,能分析它的来踪去迹,分
析它的各个方面,分析它相互间的矛盾,然后决定用何方法,
从何下手。"

现在"目无全牛"一般用于形容技艺达到了相当熟练的地步，用于赞扬技艺高超，具有褒义色彩。但时常有人因不了解这个成语的具体来源及整体含义，单从字面上去理解，将其误解为看问题只见局部、失之偏颇，反而用成了一个贬义词。

【链接】游刃有余

"游刃有余"和"目无全牛"都是出自《庄子·养生主》的成语。故事讲述庖丁介绍自己解牛的技艺，说自己经过多年的实践锻炼，对牛的筋骨结构已了然于胸，真正做到了目无全牛，然后在解牛之时，"彼节者有间，而刀刃者无厚；以无厚入有间，恢恢乎其于游刃必有余地矣，是以十九年而刀刃若新发于硎"。"游刃"指自由地运用刀刃，"有余"即有余地。就是说，他觉得牛的骨节之间有空隙，而刀刃很薄，这样的刀刃在骨节间运动显得空间绰绰有余，所以不伤刀刃，刀用了十九年还像刚磨过似的。因此，后来用"游刃有余"来比喻做事熟练，解决困难、问题轻松利索。

从庖丁解牛的技艺来看，"目无全牛"和"游刃有余"从两方面反映了他技艺纯熟、本领高超，先是要做到在认识和研究层面的"目无全牛"，然后再做到实践操作层面的"游刃有余"。

墓外不见"墓志铭"

[错例] 1.在墓园里，看到一排排的墓碑，背后的墓志铭，常是"养育之恩，永世不忘"之类。

2.他们一起找到了叶殊夫妇的合葬墓地，魏之远弯下腰，轻轻地擦去墓碑上的尘土，露出经年的墓志铭——"虽九死其犹未悔"。

【诊断】

不明"墓志铭"的准确含义致误。"墓志铭"是放在墓里的刻有死者事迹的石刻，而不是立在墓外平常能看见的墓碑。以上两例中"墓志铭"都应改为"碑文"。

【辨析】

"墓志铭"是古代一种文体的名称。它一般包括志和铭两部分。志多写成散文形式，用来记叙死者姓名、籍贯、生平等；铭则采用韵文形式写成，内容为对死者赞扬、哀悼或安慰等。墓志铭通常刻在石上，埋于墓内。因此，它还有一些别称，如"埋铭""葬志""圹志"等，都带有埋入土中的意思。如清代赵翼《陔余丛考·碑表志铭之别》："宋湘东王作墓志铭，藏于圹内。"

墓志铭与墓碑文都记录与死者相关的文字，又都是刻在石上的，但两者有明显区别。一是所在位置不同。墓志铭一般埋于地下墓内，墓碑一般立在地上坟墓的前面或者后面。二是刻写的文字有所区别。关于这一点，黄金明《汉魏晋南北朝诔碑文研究》中有详论："就文体功能而言，碑文更注重铭颂德勋，墓志虽也记德铭勋，又很注重记事。就文体形式而言，碑文序韵散结合趋于骈俪，铭为四言韵文，墓志则以散为主，又有杂五言、六言、七言。碑文于序中更见辞彩，墓志于铭中更显文丽，故古代文章选集如《艺文类聚》碑文主要选其序，墓志则多选其铭。"自从唐代古文运动兴起之后，碑文和墓志铭都减少了韵文，以散文为主，骈散结合，趋于平铺直叙，明白晓畅。

【链接】"墓志铭"的来历

墓志铭的出现晚于墓碑，兴起于魏晋。它的出现与曹操颁布的"薄葬"令直接相关。据《宋书·礼志二》记载："汉以后，天下送死奢靡，多作石室、石兽、碑铭等物。建安十年，魏武帝以天下凋敝，下令不得厚葬，又禁立碑。"曹操的"薄葬"令中有很重要一条就是禁止立碑。

曹操以反对厚葬为名，禁止立碑，有淡化士大夫群体意识、弱化世家大族凝聚力的目的，确实使立碑之风受到了遏制。此后人们就改变了立碑方式，把石碑立在墓内，后来又由竖立改为平放。墓外无碑，而墓内有碑，一样起到了勒石永旌的作用。

虽然到了隋唐以后，禁碑令有所松动，但墓志铭作为贵族身份的象征，同时具有可长久保存、不易被毁坏的优势而被传承了下去。

"囊括"：一个都不能少

[错例] 1.中国羽毛球队一举囊括了悉尼奥运会羽毛球5个项目中的4块金牌。

2.首届国际煤炭订货会由华能、中电投、大唐、华电、国电等五大发电集团及华润电力联合发起，囊括部分地方电企。

【诊断】

不明"囊括"的词义致误。"囊括"义为"把全部包罗在内"。例1中羽毛球队获得全部5枚金牌中的4枚，不能用"囊括"，可改为"获得"。例2中仅有部分地方电企而非所有地方电企，也不能用"囊括"，可改为"包括"。

【辨析】

"囊括"一词见于汉代贾谊《过秦论》："有席卷天下，包举宇内，囊括四海之意，并吞八荒之心。""囊"指袋子、口袋，"括"有"容盛"之义。唐代刘良注："括，盛也，犹囊盛而结之。"意思是像用袋子把东西全装进去并捆扎起来那样。由此引申为"把全部包罗在内"，有悉数纳入、无一遗漏的含义。

因此，"囊括"经常和"全部""所有""一切""悉数""尽数"这些涵盖全体的词语连用，如"这次期末考试五个科目，他囊括了所有单科成绩的第一名"。由于"囊括"表示的是全数包括在内，它就不能与"一些""部分""其中的"等连用，也不能与"三分之二""95%"等连用。

【链接】古汉语中名词作状语的现象

名词用作状语是指古汉语中普通名词直接置于动词或动词性短语前作状语，是典型的词类活用。常见的用法有：

一、表示比喻，如《左传·庄公八年》"豕人立而啼"中的"人"，意为像人一样。

二、表示态度，如《史记·项羽本纪》"君为我呼入，吾得兄事之"中的"兄"，意为当作兄长一样。

三、表示处所，如《史记·廉颇蔺相如列传》"卒廷见相如，毕礼而归之"中的"廷"，意为在朝廷上。

四、表示时间，如《木兰诗》"旦辞爷娘去，暮宿黄河边"中的"旦"和"暮"，意思是"在早上"和"在晚上"。

五、表示使用的工具或方式，如《聊斋志异·促织》"市中游侠儿得佳者笼养之"中的"笼"，意为用笼子。

"囊括"中的"囊"属于表示比喻的名词作状语用法，意思是像袋子装东西一样全部装在里面。这一用法构成的词语在现代汉语中比较常见，如"席卷""云集""蜂拥""冰释""雷动""星罗棋布""蚕食鲸吞"等。

"起诉书"只用于公诉

［错例］ 1.原告在书写起诉书时，对提出的诉讼请求和提出这种请求的理由都应该提供证据证明。

2.没有一份质量较高的起诉书，当事人要打赢这场官司就不大顺利，而无起诉书，法院的一审诉讼程序就无从开始。

【诊断】

不明"起诉书"的定义致误。起诉书在我国法律体系中属于刑事诉讼的法律文书，是检察机关依照法定程序，为了向人民法院对被告人提起公诉而制作的法律文书。以上两例错误地将一般公民、法人或其他组织向人民法院递交的诉讼法律文书称为"起诉书"，应分别改为"起诉状"。

【辨析】

"起诉书"是人民检察机关对刑事被告人提起公诉，请求法院对刑事被告人进行实体审判的法律文书。对公安机关移送起诉的案件，经审查后，人民检察院认为犯罪嫌疑人的犯罪事实已经查清，证据确实、充分，依法应当追究刑事责任的，要制作起诉书，按照审判管辖的规定，向人民法院提起公诉。内容主要写明被告人的基本情况、犯罪事实和证据、提起公诉的理由等。

平时人们常会看到将"起诉书"混淆成"起诉状"的情况。"起诉状"也是一个法律名词，它是民事案件和行政案件的原告或刑事案件的自诉人为提起诉讼撰写的文书。两者主要区别有两点：

（一）制作主体不同。"起诉书"的制作主体只能是检察机关，是检察机关代表国家对刑事犯罪依法起诉而制作的。"起诉状"的制作主体是公民、法人或者其他组织，是他们为维护自己的权益，实现自己的诉讼权利向人民法院提出诉讼而制作的。

（二）适用范围不同。"起诉书"只适用于刑事案件。"起诉状"则主要适用于民事案件和行政案件，或者公民作为刑事案件自诉人的情况。

【链接】古代的"书"与"状"

在古代，"书"与"状"是两种重要的文体，各自有着不同的适用场合和功能。

"书"作为一种文体，既可以是下级向上级陈述意见的公文，也可以是私人来往的信函。如李斯的《谏逐客书》就是一篇著名的公文，而《与朱元思书》和《答谢中书书》则展现了书信的抒情与论辩之美。这种文体形式灵活，内容多样，适宜表现古代文人墨客的思想与情感。

"状"则更多地用于下级向上级陈述事实、请求事项或控告他人的场合。它是一种规范化的文书，要求严格按照一定的格式书写，内容需包含事实陈述、理由说明和请求事项等要素。在古代社会，无论是官员还是民众，有事情需要向上级官府或君主报告时，都会写成"状"来提交。而当涉及诉状或告状时，"状"更是需要详细陈述被控告人的罪行和证据，以便上级能够公正审理。

总之，作为中国古代的重要文体，"书"注重表达和交流功能，而"状"则有着更严格的内容和形式要求。

"乔迁"不能自贺

[错例] 1.为庆祝本店乔迁新址,特举办买一赠一活动,欢迎新老顾客惠顾。

2.新居落成,我明天乔迁,为答谢您的祝贺,特备下薄酒,恭请光临。

【诊断】

不明"乔迁"敬辞用法致误。"乔迁"一般用于祝贺他人迁居或者升职,不能用于自身。以上两例将"乔迁"分别用于指自家店面搬迁、自家迁新居,都用得不妥当。例1中"乔迁"可以直接改为"喜迁",例2可将"乔迁"改为"喜迁新家"或"迁居"。

【辨析】

"乔迁"一词,源于《诗经·小雅·伐木》:"伐木丁丁,鸟鸣嘤嘤。出自幽谷,迁于乔木。"鸟儿飞离深谷,迁到高大的树上去,也就是说从幽暗狭窄的山谷之底,忽然飞升到大树之顶。这里的"乔木"指高大的树木。后以"乔迁"表示迁往更高、更好的地方,喻指人迁居或升职。如唐代张籍《赠殷山人》:"满堂虚左待,众目望乔迁。"明代陆采《怀香记·掾房订约》:"官人乔迁到此,遂着你的意了。"

"乔迁"在现代是恭喜和祝贺之辞,常见搭配有"乔迁之喜""祝贺乔迁",或"乔迁新居""乔迁新址"。但是,一般不能用于自称自贺,如"我的乔迁之喜""我们店乔迁新址",这些是不妥当的。

【链接】"乔"和高跷

"乔迁"是迁往高处的意思。"迁"的意思比较好懂，关键在于对"乔"字的把握。

"乔（喬）"是一个会意字。从金文字形看，上为"止（脚）"，下为"高"（省形），合为踩高跷之义。篆文字形发生了变化，上为"夭（屈曲舞蹈之人）"，下为"高"（省形），也是表示高高地踩在高跷上舞蹈之义。所以"乔"的本义为踩高跷之舞。后又引申出"高"的意思。如《诗经》："南有乔木，不可休思。""乔木"即树干高大的树，如松、柏、杨、桦等，和树形比较低矮的灌木形成对比。

由于"乔（喬）"已被引申专表"高而上曲"义，其踩高跷之义便又另加义符"足"写作"蹻""蹺"等来表示，现在规范简化字以"跷"为正体。再来看桥、峤、骄、轿、娇等形声字，"乔（喬）"作声符表音的同时还表义，汉字中凡从"乔（喬）"取义的字都和踩高跷之舞的高起壮美以及装扮的特点等有关。这是文字学上从声符求字义的"右文说"的典型例证。

"切忌"含否定义

[错例] 1.服务态度应热情周到，不管发生怎样的情况都切忌不要和顾客发生正面冲突。
2.患有高血压、消化系统溃疡等疾病，切忌不能过量饮茶、空腹饮茶。

【诊断】

不了解"切忌"所含的否定义而致误。"切忌"作为动词，是一定要防止和避免的意思，使用中要特别注意后面所接的成分究竟是肯定义还是否定义，否则容易造成句意与所要表达的意思完全相反。以上两例中"切忌不要"和"切忌不能"构成双重否定，是"要"和"能"的意思，与表达目的正好相反。两例都可以删除"切忌"，或者将"切忌"改为"切记"。

【辨析】

"切忌"在古代有两种意思。一种是"切"表示程度很高，相当于"很、深深的"，"忌"表示"忌恨"，"切忌"即"深深忌恨、十分忌恨"。例如《旧唐书》中的"切忌诸李"，这种用法在现代汉语中已不常见。另一种是"切"表示"务必、一定"，"忌"表示"避免"，"切忌"就表示一定要防止、避免，一般用于不希望出现的情况或不能去做的事情。例如宋代戴复古《论诗十绝》之四："须教自我胸中出，切忌随人脚后行。"意思是说写诗要发自内心的真情实感，千万不能跟在别人后面亦步亦趋。"切忌"这后一种用法延续到了今天。

因为"切忌"本身含有不要去做某事的否定义，在使用时一定要注意分辨其后所带成分是肯定义还是否定义，尤其当"切忌"后面带否定义成分时最容易出错。例如"紧急情况下切忌不要惊慌"，本来想要表达的是紧急情况下"不要惊慌"，结果成了"一定要避免不要惊慌"，变成"一定要惊慌"了。

【链接】"切忌"与"切记"

"切忌"与"切记"词形相近，读音相同，经常会出现混淆的情况。然而两者意思截然不同，用法也有所不同，要特别注意。

"切记"指牢牢记住，具有肯定义，所涉及的对象既可指积极的方面，也可指消极的方面，同时还可指中性的方面，如"切记经验""切记教训""切记按时吃饭"。"切忌"表示一定要避免或防止，具有否定义，对象一般只限于消极的事物或行为。需要注意，"切忌"本身具有否定义，如果它带的宾语也是否定义的，这样句子就是肯定义的。

"亲身"非"亲生"

[错例] 1. 在"摔子事件"当中，赵云看到了刘备对自己的爱惜之情简直比对亲身儿子还有过之而无不及。

2. 最后在先知提瑞西阿斯的揭示下，俄狄浦斯才知道原来自己是拉尔奥斯的儿子，伊俄卡斯忒是自己的亲身母亲。

【诊断】

因混淆"亲身"与"亲生"而误用。"亲身"和"亲生"这两个词语读音相近，且含义都和"自身"相关，因而容易被混淆。上面两例中的"亲身"均应改为"亲生"。

【辨析】

"亲身"和"亲生"这两个词在结构、词义和功能上都有显著的区别。

从结构上来看，"亲身"和"亲生"都是复合词，但它们的组成元素和组合方式有所不同。"亲身"由"亲"和"身"组成，其中"亲"表示亲自、不经由他人，"身"表示自身、本人，组合在一起表示亲自经历或体验。"亲生"由"亲"和"生"组成，其中"亲"表示具有血缘关系的，"生"表示生育，组合在一起表示有直接血缘关系的，即具有生育和被生育关系的。

从词义上来看，"亲身"强调的是个人直接参与和体验的过程。如："他亲身经历了那场地震，所以感触特别深。"而"亲生"是指生育自己的或自己生育的，强

130

调的是直接的血缘关系。如："他是我的亲生儿子，我非常爱他。"

另外，从功能上来看，这两个词语虽然都是形容词，但在句子中的作用也有所不同。"亲身"常用于修饰"经历、体验、感受"等词语，可以作定语，如"亲身的体会"，也能作状语，如"亲身经历了这一时期"。而"亲生"多用作定语，修饰限制"父亲、母亲、儿子、女儿"等名词，一般不能作状语。

总之，"亲身"和"亲生"在结构、词义和功能上都有明显的区别。在使用时，需要根据具体的语境和表达需要来选择合适的词语。

【链接】"亲身"与"亲自"

"亲身"与"亲自"仅一字之差，都含有"自己直接（从事或参与）"的意思，但含义和用法上存在不同，要细加辨别。

"亲身"表示自己从事某事直接的经验、感受等，侧重于过程中内心的情感体验。"亲自"表示自己直接去从事某个事，强调的是自己所执行的动作。

"亲身"是形容词，可以修饰动词作状语，如"亲身经历一次挫折""亲身感受他们的热情"，也可以修饰名词作定语，如"亲身的体验""亲身的感受"。"亲自"是副词，常用在动词前作状语，如"亲自前往""亲自开车"等。

"倾巢"出动的是坏人

[错例] 1.为了找这名学生，校长、教导主任，以及所有任课老师倾巢出动，还发动了在上体育课的学生。

2.村民酷爱足球运动，并且组成了自己的足球队。只要球队一有比赛，全村人倾巢而至。

【诊断】

不明"倾巢"一词的感情色彩致误。"倾巢"指出动全部力量，这是一个贬义动词，一般用于形容敌人或坏人。以上两例都不适用"倾巢"。例1中的"倾巢出动"可改为"全部出动"。例2中的"倾巢而至"可改为"都来参与"。

【辨析】

"倾"的篆文从人从顷，顷亦声，是一个会意兼形声字。本义为人歪头，后泛指歪斜、偏侧，再引申出趋向义，如"倾向""倾心"。又引申出倒塌义，如"倾覆"。还用来指使器物歪斜或翻转，倒出里面的东西，引申为尽数取出、全部出来，如"倾盆大雨""倾囊而出"，"倾巢"中的"倾"也是这个意思。"巢"本义是禽鸟筑在树上的窝，"匪巢""老巢""巢穴"等词语经常被用来比喻盗贼和敌人盘踞、隐藏的地方。"倾巢"的原义是"整窝的鸟儿都出来了"，比喻出动所有人员，见于南朝梁沈约《齐故安陆王碑文》："由是倾巢举落，望德如归。"随着语言的发展，在古代汉语中，"倾巢"已多含有贬义，用来比喻敌人或坏人出动了全部力量。如唐代司空图《复安南碑》："贼将朱道古等倾巢奔命，负固偷安。"《现代汉语词典》《辞海》《现代汉语规范词典》《现代汉语大词典》等都明确指出"倾巢"多用于贬义，多用于敌军或匪徒。

"倾巢"构成的"倾巢而出""倾巢出动"等成语，一般也作贬义词。

【链接】"倾巢"与"覆巢"

因为"倾""覆"意义相关且可连用组成词语"倾覆"，所以"倾巢"与"覆巢"两个词在词义上也有瓜葛。

两个词的本义都和鸟巢有关，本义都是倾覆鸟巢，但后来比喻义有所不同。"倾"指倾倒，"倾巢"侧重于强调全部的、所有的，如"倾巢出动""倾巢来犯"。"覆"指底朝上翻过来，"覆巢"比喻全部毁灭，个体无一幸免，侧重于强调灭亡、毁灭，如"覆巢无完卵"。

有所顾虑而"逡巡"

[错例] 1.参军三年来一直逡巡在国防线上，边疆已成为我的第二故乡。

2.记者随着人流逡巡在家具的海洋里，看了多年家具展的他还是不断有眼前一亮的感觉。

【诊断】

不明"逡巡"的确切词义而致误。"逡巡"指有所顾虑而徘徊或不敢前进，与一般的巡游、巡视等意思不同。以上两例中"逡巡"都用错了，例1可改为"巡逻"，例2可改为"巡游"或"徜徉"。

【辨析】

"逡巡"是一个叠韵联绵词，也写作"逡循""逡遁"。"巡"在其中主要起表示音节的作用。常有人望文生义，误认为"逡巡"与巡视、巡查、巡游、巡逻等意思直接相关。

"逡巡"在古代汉语里属于常用词语，含义也比较丰富，但并无"巡视、巡查"之义。"逡巡"可以表示倒退而行、滞留、徘徊的动作行为，或者表示诸如恭顺谨慎、迟疑犹豫甚至胆怯畏惧的心理状态。例如《后汉书·隗嚣传》："舅犯谢罪文公，亦逡巡于河上。"李贤注："逡巡，不进也。"也就是滞留的意思。更多的是作为心理动词使用，例如唐代独孤及《直谏表》："陛下岂迟疑于改作，逡巡于旧贯，使大议有所壅，而率土之患，日甚一日。"句中的"逡巡"是"犹豫、迟疑"的意思。这是因为退行、滞留、徘徊等行为

134

常常伴随着恭敬谨慎、迟疑犹豫、胆怯畏惧等心理。

现代汉语中，"逡巡"一般用于书面语，《现代汉语词典》的解释是"有所顾虑而徘徊或不敢前进"。用"顾虑"涵盖了犹豫、畏惧、担心、谨慎等各种心理状态。不带这些顾虑的往来巡看，不宜用"逡巡"来表示。

【链接】"逡巡"词义的演变

"逡巡"在先秦时期表示"退步而行"的动作，如《荀子·尧问》："武侯逡巡再拜曰：'天使夫子振寡人之过也。'"因为这一动作表示的是谦卑恭敬的姿态，因此"逡巡"就有了"退让、谦让"的意思，如《梁书·王筠传》："王氏过江以来，未有居郎署者，或劝逡巡不就。""逡巡不就"意思是"谦让不去就任"。又引申出"小心谨慎"的意思，如《后汉书·钟皓传》："逡巡王命，卒岁容与。""逡巡王命"即"谨慎应对王命"。又产生了"徘徊不进、滞留"之义，如王逸《九思·悯上》："逡巡兮圃薮，率彼兮畛陌。""逡巡兮圃薮"即"徘徊彷徨在草木茂盛的泽地"。再引申出了"拖延"，如白居易《重赋》诗："里胥迫我纳，不许暂逡巡。""不许暂逡巡"即"不允许稍有拖延"。又引申出"犹豫、迟疑"之义，如张溥《五人墓碑记》："大阉亦逡巡畏义。""逡巡畏义"意思是"害怕正义而犹豫不决"。"逡巡"在现代汉语中则主要用于表示"因有所顾虑而徘徊不前"。

"染指"的是非分之事

[错例] 1.他无所不学，但也有的放矢，从宋代溯回到晋唐，凡他过目的帖都会染指，从小楷、大楷、行书到章草、狂草，只要能举出来的，照单全收。

2.这几名选手都未曾染指过世锦赛的单项冠军。

【诊断】

不明"染指"的词义与用法致误。"染指"现用于形容沾取非分的利益，或参与、插手分外的事。例1中书画家学习各种书帖不算什么分外的事，用"染指"不当，可改为"学习"。例2中获得世锦赛冠军当然是选手努力的目标，不是非分之事，不能用"染指"，可改为"获得"。

【辨析】

"染指"一词出自《左传·宣公四年》。有一次，郑国大臣子公与子家去见郑灵公。将进宫门时，子公忽然停住脚步，笑眯眯地说："我的食指在动，待会我们肯定会吃到美味。"果然，他们进宫后正巧碰上楚人送给郑灵公一只鼋（音yuán，一种龟鳖类动物），灵公请众大夫品尝。子家忍不住朝子公竖大拇指。灵公问清楚原因后，却偏不给子公吃。子公大怒，于是"染指于鼎"，即伸出指头蘸了一下鼎里的汤汁，尝了尝味道，然后大摇大摆地走了出去。

可见"染指"最初的意思是用手指蘸美味来品尝，后多用来比喻获取非分利益，尤指不当得利，也指插手本不该

136

参与的事情。如清代无名氏《亡国恨·协约》："这三韩一块土，俄人久欲染指。""染指"含贬义，也常用于否定结构，如"不敢染指""切莫染指""不能染指"等。

【链接】有关手指与美食的用典

大家都知道，《左传》中子公因食指动而预感口福将至、用手指蘸鼋鱼汤的故事。汉语中存在不少与手指和美食有关的用典。

一是"动指"类，表示有美味可吃的预兆或看到美食后的贪馋。如：

宋代黄庭坚："春盘食指动，笋苗入市卖。"

宋代陆游："食指忽摇方窃喜，小儿来请赛鄁官。"

宋代范成大："杨花欲动荻芽肥，污手死心摇食指。"

明代徐渭："宾筵三动指，早晚到驼峰。"

二是"染指"类，表示用手指伸到鼎里蘸点汤，比喻获取非分的利益。如：

宋代苏轼："携来虽远鼋尚动，烹不待熟指先染。"

受人熏陶"如坐春风"

［错例］ 1.不论什么时候，她都是亲切随意，如坐春风，自如自在地发表她的观点。

2.老王一直热衷于收藏，每当得到心仪已久的藏品，那种收获之后的心情总让他如坐春风，如醉如痴，夜不成寐。

【诊断】

不明"如坐春风"词义及使用语境而致误。"如坐春风"形容与有德行有学识的人相处而受到熏陶或教诲。例1中形容说话者本人亲切随和，不可用"如坐春风"，可改为"温柔和蔼"之类的词，也可以删除。例2中用"如坐春风"形容获得心仪藏品而非常高兴的感受，也不合适，可以删除。

【辨析】

"如坐春风"的字面意思是"好像坐在和煦的春风里一样"。宋代朱熹《伊洛渊源录》卷四："朱公掞见明道于汝州，逾月而归，语人曰：'光庭在春风中坐了一月。'"意思是说，理学大师程颢的弟子朱光庭在汝州听程颢讲学，如痴如醉，听了一个多月才回家，回家逢人便夸老师讲学的精妙，他说："光庭在和暖的春风中坐了一月。"后人就用"如坐春风"来比喻与品德高尚、学识渊博的人相处并受其熏陶。如《幼学琼林》："弟子称师之善教，曰如坐春风之中；学业感师之造成，曰仰沾时雨之化。"臧克家《陈毅同志与诗》："他为人平易、爽朗、坦率、真诚……和他接近，如坐春风，如冬阳暖人。"

"如坐春风"含有比喻"像坐在春风里一样",不宜用于形容人在自然界身处和煦春风中的感受,也不能用来形容一般情况下感觉舒服惬意的感受,而只能用于描述与人相处时受其教诲和熏陶。

【链接】含"春风"的颂师类成语

在汉语成语中,"春风"常用来形容良好的教育和感化,除了"如坐春风"和它的同义词"如沐春风"外,再列举几例如下:

春风化雨。出自《孟子·尽心上》:"有如时雨化之者。"指像及时雨滋润万物一样起到教化作用。多用来称颂老师和长辈对学生及晚辈潜移默化的教诲。

春风风人。汉代刘向《说苑·贵德》:"管仲上车曰:'嗟兹乎!我穷必矣!吾不能以春风风人,吾不能以夏雨雨人,吾穷必矣。'""春风风人"意思是像春天的风吹拂着人们。比喻给人以良好教育或帮助。

桃李春风。宋代杨万里《送刘童子》诗:"长成来奏三千牍,桃李春风冠集英。"以春天桃李盛开来比喻学生受到良师的谆谆教诲。

何来"山穷水复"？

［错例］ 1. 积极的思维活动经历山穷水复、长途跋
涉之后，悬而未决的不解之谜，会在某一
瞬间迎刃而解。
2. 我们既走到这样山穷水复的绝境来，就
不能不想个变通的方法来。

【诊断】

　　杂糅"山穷水尽"和"山重水复"生造出"山穷水复"
致误。"山穷水复"取了"山穷水尽"的前半部分和"山重
水复"的后半部分，表意不明。以上两例中的"山穷水复"，
例 1 应改为"山重水复"，例 2 应改为"山穷水尽"。

【辨析】

　　"山穷水尽"也作"山穷水断""山穷水绝"，原指
山和水到了尽头。如清代沈复《浮生六记·浪游记快》："将
及山，河面渐束，堆土植竹树，作四五曲；似已山穷水尽，
而忽豁然开朗。"后来常用来比喻陷入绝境，表达的是悲观、
无助的情绪。如老舍《我这一辈子》："是她打开了我的爱
的园门，我得和她走到山穷水尽。"

　　"山重水复"出自宋代陆游《游山西村》诗："山重
水复疑无路，柳暗花明又一村。"意思是正担心山峦重叠、
水流曲折，没有路可走下去，忽然眼前出现了一个柳绿花艳
的山村。诗句明写山路盘曲，但在写景的同时寓含哲理，比
喻在困境中重遇生机，是传诵千古的名句。"山重水复"形
容山水阻隔，用来比喻重重阻碍，而"山重水复"之后往往

是"柳暗花明",是山重水复之后,就会迎来一片柳暗花明,走出绝境,豁然开朗。

这两个成语结构相同且都含有"山""水"二字,但表达的词义是不同的。将"山穷水尽"与"山重水复"杂糅成"山穷水复"就不知所云了。

【链接】 "山穷水复"误在对名句不熟

我们以中国知网学术期刊库的文章标题为统计对象,截至 2023 年底发现其中"山穷水复"共出现了 21 次。用错的情况可以分三种:一是直接引用陆游《游山西村》诗句就出错了,共 10 例;二是化用陆游诗句,通常是与"柳暗花明"对举时出现错误,也有 10 例;三是直接使用"山穷水复"而出错,1 例。

由上面的统计情况看,出现错配的"山穷水复",一大原因就是人们对陆游《游山西村》诗作内容记忆不牢固,对诗句中"山重水复"所描绘的意境理解不够精准,再加上"山穷水尽"的干扰,造成了错配现象不断出现。因此,要避免"山穷水复"这一错误,还应从把握诗句着手。

"舍弟"是自己的弟弟

[错例] 1. 朋友新别墅落成,邀请黄庭坚和他的舍弟等人来观赏。大家赏景后又饮酒赋诗,黄庭坚也即兴创作了一首诗。
2. 他和他当权的族兄舍弟都不是好人。

【诊断】

不明"舍弟"的谦辞用法导致误用。"舍弟"仅限于在他人面前称自己的弟弟,而不能用于称呼别人的弟弟。例1中"舍弟"可改为"弟弟",例2中"舍弟"可改为"族弟"。

【辨析】

"舍弟"的"舍"源自"屋舍"的"舍",故读 shè 而非 shě。在古代汉语中,"舍"指平民穷人的住所。屋舍是家的重要标志,后来又用"舍"来谦称自己的家,如"敝舍""寒舍",还可用来谦称自己家里的亲人,"舍弟"就是一例。

"舍弟"作为谦辞,用于在他人面前称呼自己的弟弟,不能用来称呼其他人的弟弟。如《儒林外史》第四十九回:"这些时,舍弟留他在舍间早晚请教,学他的技艺。"因为不能用于其他人,它前面一般不能有领属性成分,如不能说"张三的舍弟""他的舍弟""你的舍弟"之类,甚至不说"我的舍弟",因为"舍弟"已有指说话人自己的弟弟的意思。

【链接】家大、舍小、令外人

对家属的谦称和敬称,通常概括成一个七字诀——家大、舍小、令外人。

先说"令外人"。"令"有美好的意思，故带"令"的称谓只能用于外人，尊称对方的亲人，属于敬辞。所称对象是不分辈分和长幼的。如"令尊"称对方父亲，"令堂"称对方母亲，"令弟"称对方弟弟。

再说"家大"和"舍小"。冠以"家""舍"的称呼都是用于对外人称自己亲人的谦辞，只不过有大和小的区别。所谓的"家大"，意思是冠以"家"字的，只用于称呼比自己辈分高的或同辈中年长的家人，如"家父""家母""家兄"。而"舍小"，是说冠以"舍"字的，只能用于称呼比自己辈分低或同辈中年龄小的家人，常见的有"舍弟""舍妹""舍侄"等。

下行不可称"拾级"

[错例] 1. 当您参观完教室从主楼拾级而下，看到的是学校的正大门。

2. 从日光岩拾级而下，我们沿着铺满鹅卵石的小路向前走，就来到了鼓浪屿最美丽的花园——菽庄花园。

【诊断】

不解"拾级"词义致误。"拾级"表示逐级往上登阶，只能用于向上走。在上述两例中，"拾级"都与"而下"连用，可改为"沿（顺）阶而下"。

【辨析】

"拾级"中的"拾"读shè，意思是"轻步而上"。"拾级"来源于古代登堂之礼。《礼记》中对于客人拜访主人时主客相互揖让的登堂之礼是这样规定的："主人与客让登，主人先登，客从之，拾级聚足，连步以上。"按照郑玄的说法，"拾"应该写作"涉"，"涉"是跟足而登之义。所谓"拾级聚足"即"涉等聚足"，指前脚踏上一级台阶，后脚跟着也踏上同一级台阶，然后两脚相并。"拾级"是一种礼让性的缓慢登上台阶的动作。尽管现在已不拘泥这样的礼仪形式，但是"拾级"作为向上登阶的意思保留了下来。有人不明白"拾级"原本的含义，想当然地以为既然可以说"拾级而上"，那么也就可以用"拾级而下"了，这是错误的。

【链接】古代登阶之礼

"连步"。也就是"拾级"。登阶时前脚每登一级，后脚踏上同一级两足相并，每登一级都是如此。这是古代升阶的基本礼节，不但步法讲究，而且速度缓慢，显出恭敬、慎重的情态，适用于正式、庄重的场合。

"历阶"。又叫"栗阶"。前脚登上一级台阶之后，后脚不与之相并，而是跨到上一级台阶，直至堂上。这种登阶速度更快，不是很谨慎庄重，在古代是不符合常礼的行为。

"越阶"。先是前脚登上第一台阶，后脚越过第二个台阶，直接踏上第三级甚至更高一级台阶，如此交替上登。这是极其特殊的登阶方式，一般出现在发生意外情况或形势危急的时候。

"莘莘学子"前不用数量词

[错例] 1. 一个穿着米黄色风雨衣的莘莘学子，腋下夹着本书，迎着飒飒江风向图书馆匆匆走去。

2. 七千余名莘莘学子在讨论中形成共识，新时代的大学生应该勤于学习，善于思考，勇于实践，乐于奉献。

【诊断】

不明"莘莘"含义致误。"莘莘学子"表示众多学生，一般不能用数量词来修饰。例1、例2分别用"一个"和"七千余名"修饰"莘莘学子"，都是错误用法，"莘莘学子"可改为"学生"。

【辨析】

"莘莘"：众多貌。例如东汉班固《东都赋》中有"俎豆莘莘"。"莘莘学子"指众多学生。如宋代葛胜仲《记梦诗》："莘莘学子求卒业，说经闹若阛门间。"李劼人《暴风雨前》中"尤其莘莘学子，不能安心求学"。

我们可以看出，"莘莘学子"不能用"一个""一位""一名"或"这（那）个""这（那）位""这（那）名"等词修饰，否则语义上的矛盾是显而易见的。

那么，将"一"换成更大的数词是否可以呢？还是不可以。因为"莘莘"表示非确数的数量众多，前面就不能再加数量词了。无论是说"几十个莘莘学子"还是"三万名莘莘学子"，都是不合适的。

还有,用"一些""有些"等表示不确定数量的词修饰"莘莘学子",也是不恰当的。

【链接】两个"莘"

"莘"是一个多音多义字,有两个不同读音,并有相应不同的含义。

第一个读作 shēn。"莘"表示长的意思。如《诗经·小雅·鱼藻》:"鱼在在藻,有莘其尾。""莘莘"表示众多貌,如"莘莘学子",也表示茂盛貌,如"枝叶何莘莘"。

第二个读作 xīn。是一味药草的名称,即细莘。《集韵·平真》:"莘,细莘。"现在写作"细辛"。

有意思的是,"莘"在我国地名中同样有两个读音。上海市闵行区莘庄的"莘"读作 xīn,是因莘溪而得名,莘溪又因莘草而得名。山东省聊城市莘县的"莘"读作 shēn,因夏商之交此地属有莘国而得名。

"实足"数量可计算

[错例] 1. 本场比赛，中国姑娘们表现得韧劲儿实足，在对抗中敢抢敢拼。

2. 她试了一下音，而后信心实足地准备演奏了。

【诊断】

不明"实足"的词义与用法致误。"实足"通常指确实足数的，一般与可以用数量计算的具体事物搭配。以上两例中"韧劲儿""信心"都是无法统计数量的抽象事物，不宜用"实足"，可改为"十足"。

【辨析】

"实足"一词中，"实"是"确实"的意思，"足"是"足数"的意思，合起来就表示"确实足数的"。

"实足"可表示"确实达到了某个数目"，常用于形容年龄或其他事物的数量，如："他今年实足年龄 56 岁了"，"这袋米实足有 20 公斤"。"实足"一般不能和抽象的事物或者不能计数的事物搭配使用，"信心实足""实足的理由""实足的奴才相"这样的搭配是不合适的，可以用"十足"来替换，也可以分别用"满满""充分""彻头彻尾"等词语来形容。

"实足"是形容词，表示足够、足数的意思，一般不能受程度副词修饰，如不能说"很实足""非常实足"。但是可以采用重叠形式"实实足足"来加强语气，如："今天来参观展览的实实足足有一万人。"

【链接】"十足"与"实足"

"十足"和"实足"是两个形容词，不但音同而且义近，在使用中如不细加辨别，极易混淆误用。

一、两个词都有"充足、足够"的意思，但在含义和用法上有区别。

"十足"中的"十"，有"完全或完满到了顶点"的意思。"十足"常用来形容程度，指非常充足、十分充足。常与"干劲、劲头、理由、神气、威风、信心"等抽象义的词语搭配。如"十足的理由、干劲十足、神气十足"等。

"实足"中的"实"是"确实、实在"的意思，与"虚"相对。"实足"指确确实实够数的，足够的。常用来形容产量、年龄等可以统计数量的事物。

二、"十足"还常用来指成色或成分的纯粹、纯正。常用于黄金、珠宝等。如"十足的黄金、成色十足"等。"实足"则没有类似用法。

"始作俑者"开了坏头

[错例] 1. 现在我们单位多数职工上下班或步行或骑车，为的是倡导绿色通勤方式，尤为可喜的是，始作俑者是我们新来的局长。

2. 一提起八百里秦川，人们不禁会想起它的始作俑者——流经甘陕两省的渭水。

【诊断】

不明"始作俑者"的贬义色彩而致误。"始作俑者"指带头做坏事的人，泛指恶劣风气的始创人，属于贬义词。例1中倡导的事情并不是坏事，反而是值得肯定的事，这样的带头人不能称为"始作俑者"，可改为"首倡者"。例2中渭水造就了八百里秦川，称"始作俑者"也不妥，可改为"母亲河"。

【辨析】

"始作俑者"最早来源于孔子批评用陶俑作陪葬这件事。《孟子·梁惠王上》："仲尼曰：'始作俑者，其无后乎！'为其象人而用之也。"意思是第一个用俑（陶制或木制的人偶）来殉葬的人，大概不会有后代吧。孔子的话语里充满了对首个以俑来殉葬的人的憎恶和严厉批评。

孔子从儒家"厚养薄葬"的主张出发，坚决反对用活人殉葬的残忍陋习，甚至因为俑太像人形了，用俑代替活人殉葬也是不符合仁道的。后来就用"始作俑者"比喻某个坏的制度、行为或某种恶劣风气的开创者，只能用于批评、贬抑的对象，而不能用于褒扬的对象，甚至用于中性的对象也不合适。

【链接】从"人殉"到"俑殉"

我国古代,尤其在奴隶社会时期,"人殉"制度非常残忍。那时候死去的氏族首领、家长、奴隶主或封建主要以活人来殉葬。用来殉葬的,往往是死者的近亲、近侍、奴隶或战俘。那是一种非常残酷的制度,是一种惨无人道的野蛮行为。

公元前384年,秦献公即位后宣布"止从死",在秦国废除了人殉制度。然而,贵族们仍希望死后有人侍候,于是产生了"俑殉",纷纷以木制或陶制的俑代替活人,伴随死去的贵族殉葬。著名的秦始皇陵兵马俑就是典型代表。

"俑殉"的出现,是对底层人的生命权的一次解救,那为什么孔子还要批评"始作俑者"呢?一般的看法是,孔子非常反对任何形式的殉葬,包括活人殉葬和人俑殉葬。他认为用人俑殉葬看似解救了百姓,但依然表明支持殉葬,这种制度依然在延续。所以在他眼里,"始作俑者"可恶至极。

"弑"仅指以下杀上

[错例] 1.这是几年前另一起弑子案凶手的供词,生母和情夫联手杀害了儿子,审案时情夫交代了他们的罪行。

2.少年铁木真狠心弑弟,到底是年少气盛,还是为了掩盖一个家族秘密?

【诊断】

不明"弑"的适用范围致误。"弑"是一个古语词,指卑下者杀死尊上者,如臣子杀死君主或子女杀死父母。以上两个例句分别用"弑"来表示杀害儿子和弟弟,不合适,应改为"杀"。

【辨析】

"弑"在文言文中比较常用,按照《说文解字》的解释:"弑,臣杀君也。"因此,"弑"的本义为臣子杀死君主。如《左传·宣公十八年》:"凡自内虐其君曰弑,自外曰戕。"也可用于指子女杀父母,如《易·坤》:"臣弑其君,子弑其父,非一朝一夕之故,其所由来者渐矣。"在古代"弑"的使用有很明显的政治伦理规范,即用于臣子杀君王、卑下杀尊上的情形,其余情形则不宜使用。

现代社会中,已经有了通用的"杀"来表示使人失去生命的意思,封建伦理色彩浓重的"弑"和表示死亡之义的"薨""崩"等词语一样,已经失去了生命力,除了用于表述历史事实外,照理已经没有存在的必要了。然而,人们为了求得庄重典雅的语言效果,在书面语中有时还会选用"弑"

而不用"杀"。但这时就应该充分考虑到它自古就附着的伦理色彩。这从《现代汉语词典》对它的解释"臣杀死君主或子女杀死父母",就可见其使用的局限性。

【链接】"弑"字的语义变迁

秦汉时期,"弑"并不专用于下杀上,有大量"杀""弑"混用的例子。按《白虎通义》的释义,"弑者试也",就是说臣子杀君父时会有所顾忌,要慢慢试着找机会去行动。与"杀"的区别在于强调行为过程上的不同。

随着时间的推移,"弑"字逐渐附着伦理色彩,成为专指下杀上的行为,并隐含伦理批判。许慎《说文解字》解释"弑,臣杀君也"就让它与伦理名分联系了起来。但直到隋唐,"弑"字还并未真正在实际使用中规范起来,同一古籍不同版本之间"弑""杀"异文仍很常见。与秦汉时期不同,此时混用只限于下杀上,上杀下则只用"杀"而不混用。

对于"弑"伦理色彩的确定,唐代刘知几起了关键作用。他明确说:"凡在人伦,不得其死者,邦君已(以)上皆谓之弑,卿士已(以)上通谓之杀。"并说"苟弑、杀不分,则君臣靡别者矣"。

唐以后儒者对古籍中的"杀君"表述进行了大力订正,如凌曙、陈立等对《春秋繁露》《公羊解诂》的订正,凡"杀君"都改为"弑君"。"弑"鲜明的政治伦理色彩也完全确立。

不良的"嗜好"

［错例］1.他的嗜好非常广泛，如画画、下棋、打球
等等，因此成了班级文体活动的积极分子。
2.退休以后，你一直闷在家里对身体不好，
应该多出去走走，培养有益身心的嗜好。

【诊断】

不明"嗜好"一词的感情色彩致误。"嗜好"多指不良的喜好，而"爱好"一般用于褒义。以上两例可将"嗜好"改为"爱好"。

【辨析】

"嗜"在《说文解字》中释为"嗜欲，喜之也。从口，耆声"，其本义与口腹之欲有关，再引申为贪求。如《国语·楚语下》："吾闻国家将败，必用奸人，而嗜其疾味。"韦昭注称："嗜，贪也。"

"嗜好"一词经常会被视为"爱好"的等义词而造成误用。然而，这两个词虽然意思相近，都指对某种事物非常喜爱或具有浓厚的兴趣，但是有明显的区别。

一是词义着重点和感情色彩不同。"爱好"着重指对某种事物具有浓厚的兴趣并参与进去，是个中性词。既可用于好的方面，例如"对高雅艺术的爱好提升了她的气质"；也可用于不好的方面，如"他不喜欢学习，倒是爱好玩耍"。"嗜好"指特别深的爱好，多指不良的、成瘾的爱好，含有贬义，如"抽烟这个嗜好让他身体越来越差"。

二是词义程度轻重不同。"爱好"对喜爱的事物在程度上可轻可重。"嗜好"的程度比"爱好"重，通常是沉溺

其中的爱好，几乎是离不开的。

【链接】"嗜好"与"癖好"

　　"嗜好"与"癖好"也是一组近义词，都是名词，都有对某事物特别喜好的意思，但两个词还是有一些区别。

　　"癖好"是长期形成的对某种事物的特殊爱好，程度很深，因怪异或不同于常人而让人不解。"嗜好"指对不良的事物具有浓厚兴趣并积极参与。

　　两者都带有贬义色彩，但带来贬义色彩的原因有所不同。"嗜好"大多因为爱好的对象本是不良事物，本就不应过分喜爱或沉溺其中，如吸烟、赌博之类。"癖好"所喜好的事物本身未必不好，大多是因为喜欢的程度远远超出了一般人所能理解和接受的范围，被视为一种不正常的甚至病态的表现。如宋代大书法家米芾因酷爱奇石而留下"米芾拜石"的典故，魏晋时期"建安七子"之一的王粲特别喜欢听驴叫，都属于"癖好"一类。

"首当其冲"指先受攻击

[错例] 1."传道、授业、解惑",首当其冲的是"传道",因此备课时我们应把德育摆到一定高度。

2."三大类体系"当中,首当其冲的就是建立健全社会发展的服务体系,发展社会事业,大力改善民生,最大限度激发社会活力。

【诊断】

不明"首当其冲"的含义致误。"首当其冲"指首先受到攻击或遭遇灾难。上面两例却将"首当其冲"误用作首要的、处于优先地位的,可改为"首要"。

【辨析】

《三国志·魏书·公孙瓒传》裴松之注引《献帝春秋》:"盖闻在昔衰周之世,僵尸流血,以为不然,岂意今日身当其冲!""岂意今日身当其冲"是说哪里料到今天自己会承受袁绍重兵的攻击。这里的"身当其冲","当"是承受的意思,"冲"是冲击、攻击的意思。后来,"首当其冲"的意思是"首先承受敌人的冲击",从这个意义引申为"最先受到攻击或遭遇灾难"。例如《清史稿·兵志九》:"欧舰东来,粤东首当其冲。"

这个成语经常被错用,主要原因在于对"当""冲"的意思理解有偏差,将"当"释为"处在(某位置)"解释,"冲(衝)"释为"要冲、要塞",所以"首当其冲"的意思就成了"处在要冲位置",继而被理解成了"首要的、首先的"。这种情况我们一定要注意避免。

【链接】"首当其冲"出处的争议

各大成语词典对"首当其冲"的出处存在不同看法。如《中国成语大辞典》认为"首当其冲"的出处是《汉书·五行志下》:"郑当其冲,不能修德。"并将"当"解释为承受,"冲"解释为要冲、交通要道。但是"承受"与"要冲、交通要道"搭配有问题,连起来并不能表示"处在冲要的位置"的意思。其实,"当"本有"处在"义,"处在冲要的位置"还是符合原文意思的,但与现代汉语使用中的"首当其冲"含义有别。

刘洁修《汉语成语考释词典》则认为"首当其冲"应该是出自《三国志·魏书·公孙瓒传》裴松之注引《献帝春秋》:"盖闻在昔衰周之世,僵尸流血,以为不然,岂意今日身当其冲!""当"为承受;"冲"本指"冲车"(一种攻城野战的武器),引申为动词"冲击"或"攻击"。"当其冲"意思是受到攻击。前面加上"首"就成了首先遭受攻击。看来,以此作为出处,与这个成语的常用义关联更为直接。

坏人得意"弹冠相庆"

[错例] 1. 渎职者被问责的消息传开，当地百姓纷纷弹冠相庆。

2. 那一年高考成绩揭晓，人们像过年一样喜气洋洋，大家奔走相告，弹冠相庆。

【诊断】

因不明"弹冠相庆"的贬义色彩而致误。"弹冠相庆"现在一般用来形容互相庆祝，通常带有贬斥和憎恶的感情，属于贬义词。以上两例用于表达褒扬和喜爱的情感，属于误用，可以改为"额手相庆"或"兴高采烈"。

【辨析】

"弹冠相庆"一词出自《汉书·王吉传》："吉与贡禹为友，世称'王阳在位，贡公弹冠'，言其取舍同也。"说的是王吉与贡禹是朋友，王吉做了官，贡禹就掸去帽子上的灰尘，意即整顿衣帽，准备做官。后来就用"弹冠相庆"表示某人当了官，他的同伙非常高兴，互相庆贺，准备做官。

关于"弹冠相庆"还有北宋苏洵《管仲论》记叙的一个故事。春秋时期，管仲辅佐齐桓公，助他成就霸业。齐桓公有三个近臣竖刁、易牙、开方，不惜用卑鄙手段讨悦取宠，相互勾结，祸乱齐国。管仲临终前要齐桓公远离此三人。等到管仲一死，这三个人高兴得不得了，相互庆贺，准备卷土重来。苏洵评论说："一日无仲，则三子者可以弹冠相庆矣。""弹冠相庆"用来形容坏人得志、彼此庆祝的样子，其贬义的感情色彩非常明显。现代汉语中沿用了这种用法，

"弹冠相庆"一般含有贬义。如："他用不正当的手段坐上了公司的第一把交椅，他的同伙弹冠相庆。"

很明显，"弹冠相庆"现在用来形容坏人因为得意而互相庆贺，是贬义词，而不能用于普通群众因高兴而庆贺的行为，更不能用于赞美和歌颂的对象。

【链接】"额手相庆"和"弹冠相庆"

"额手相庆"与"弹冠相庆"这两个成语，结构相同，但意义不同，感情色彩有褒贬之分，很容易被混淆误用。

"额手称庆"与"弹冠相庆"虽然都有因高兴和喜悦而"庆贺"的意思，但在用法和色彩上大不相同。

两者庆贺的原因不同，"弹冠相庆"是小人做官、升官，其党羽得势而高兴庆贺。"额手称庆"是将手举到额头表示庆幸，往往因为躲过了一场大灾难或历尽艰难终于获得成功而表示庆贺。"弹冠相庆"重在"庆贺"，"额手称庆"重在"庆幸"。所谓"庆幸"是指事情意外地得到好的结局。

两者的适用对象不同，感情色彩也不同。"弹冠相庆"用于坏人、小人，贬义色彩明确。"额手称庆"所有人都能用，属于中性词。

"叹为观止"是赞美

[错例] 1.工商管理局收缴上来的假冒伪劣产品真可谓五花八门，尤其是其中的假酒，种类之多，令人叹为观止。
2.小说里的黄依依在生活和爱情问题上我行我素，无视道德和法律，大胆另类得令人叹为观止。

【诊断】

不明"叹为观止"的贬义色彩致误。"叹为观止"表示所见到的事物好到了极点，是用来赞美的词。上述两例用来评价的都是不良、丑恶甚至违法的事物，故不能称"叹为观止"。两例中的"叹为观止"可改为"吃惊"或"惊讶"。

【辨析】

"叹为观止"一语出自《左传·襄公二十九年》。公元前544年，吴国公子季札来到鲁国进行友好访问，请求观赏周朝的舞乐。季札精通舞乐，兴致高昂地欣赏了一曲又一曲优美的舞乐，一边观赏，一边品评。当演到《韶箾》时，季札便断定这必然是最后一个节目了。观罢《韶箾》，他赞叹一番，然后非常知礼得体地说道："观止矣！若有他乐，吾不敢请已！"意思是看到这里已经足够了，如果还有其他乐舞，我也不敢再请求观赏了！

季札的回答，一来显示他对乐舞的精通，二来以一种知礼得体的方式对节目表示赞美，对东道主盛情招待表示谢意。"叹为观止"就是由季札这句话演化而来的。"观止"

表示看到最美好的事物感到满足了，"叹"是"赞叹"的意思。所以"叹为观止"的意思是"赞美看到的事物好到极点"，无疑具有褒义色彩。

在句子中，"叹为观止"的主语经常是观看的对象，这样就要在前面加上"令""让"等具有使令义的动词，构成兼语结构，如"令人叹为观止""让我叹为观止"。如果主语是观看者，就无需使令动词了。

【链接】书名"观止"

"观止"二字除了随成语"叹为观止"广为流传外，还被人们用于命名各种各样的作品集。最有名的就是《古文观止》一书。

《古文观止》是清康熙年间由吴楚材、吴调侯选编的古代文集，以散文为主。全书收入从先秦至明末的历代优秀散文222篇，大体反映了我国散文发展的整体面貌。起名"古文观止"的意思是指这些文章是古文中最好的，取"叹为观止"之意。事实上，里面所选的文章整体上确实代表了中国文言散文的最高水平，也是当得起"观止"二字的。

后世纷纷仿效《古文观止》，出现了很多以"观止"命名的作品集，如《古诗观止》《唐诗观止》《宋词观止》《今文观止》《曲苑观止》《中国名画观止》《世界名画观止》等等。以"观止"命名，理应是选入代表最高水平的作品，但因受编纂者水平、偏好等因素影响，入选的作品未必都会受到读者认可。不过，至少按照编者的标准来看，这些是经过了精心筛选的优秀作品。

"忝列"只用于自己

[错例] 1.第九届济南国际泉水节发布了"千泉之城"名泉名录，老舍纪念馆的无名泉井被命名为"舒泉"，忝列其中。

2.如果把崇祯放到历代帝王中去排队，他的品性和资质至少可以算中上水平，甚至，按照大众对于贤君的惯常定义，崇祯也完全可以忝列其中。

【诊断】

不明"忝列"的谦辞用法致误。"忝列"只能用于自谦，不能用于他人。以上两例中的"忝列"可改为"名列"或"位列"。

【辨析】

在"忝列"这个词中，"列"的意思很好理解，就是"排列（在某个行列中）"或"居处（于某个位置上）"，把握这个词的关键是弄清"忝"的含义。

《说文解字》解释"忝"为"辱"。先秦时多用"忝"来表示"羞辱、辱没、有辱于"等意思。如《诗经·小雅·小宛》："夙兴夜寐，毋忝尔所生。"意思是说要早起晚睡，不要辱没了生养你的父母。又如《尚书·尧典》中"否德忝帝位"，意思是没有德行，有辱于帝位。

汉代以后，"忝"主要用作谦辞，表示谦逊而并不表示实际上辱没的含义。如《三国志》："臣忝当大任，义在安国。"字面意思是说自己有愧于担当如此重任，实际上只是客套的谦辞。

"忝列"一词古已有之。如唐代戴孚《广异记》中有"忝列九卿，颇得自给，幸无劳苦"。唐代李白《赠崔司户文昆季》诗："攀龙九天上，忝列岁星臣。"在现代汉语中，"忝列"常用于书面语，如鲁迅《并非闲话（三）》中有"而且贱名也忝列于作者之列"。无论古今，"忝列"都是说自己没有相应的才德和资格，于人有辱，于己有愧，是对自己"位列其中"的谦虚表达，用在别人身上是不合适的。

【链接】"忝"族谦辞

由于"忝"表示"辱"的意思，因此汉语中有不少由"忝"组成的词语，和"忝列"一样属于谦辞。罗列几例如下：

忝累：不称职，失职。晋代傅咸《御史中丞箴》序："余承先君之踪，窃位宪台，惧有忝累垂翼之责，且造斯箴，以自勖励。"

忝冒：滥竽充数。唐代白居易《初授拾遗献书》："但言忝冒，未吐衷诚。"

忝窃：辱居其位，愧得其名。唐代杜甫《长沙送李十一》诗："李杜齐名真忝窃，朔云寒菊倍离忧。"

忝私：对方忝辱其身份而私昵于己。晋代潘尼《赠陆机出为吴王郎中令》诗："昔子忝私，贻我蕙兰。"

忝职：愧居其职。唐代元稹《诲侄等书》："盖以往岁忝职谏官，不忍小见，妄干朝听。"

"同比"该怎么比？

[错例] 1. 许多人看好这个超级大盘股，主要理由是其 2.30 元的发行价低，同比其他超级大盘股，有一定的升值空间。

2. 2011 年全年聚甲醛的出口销售总量达到 23113.6 吨，较 2010 年增长 11782 吨，同比增长了 103.98%。

【诊断】

不明"同比"的词义致误。"同比"仅用于跟以往（多用于上一年）的同一时期相比，不能用于一般的比较，也不能用于相连的两个统计时间周期之间的比较。例 1 是不同对象之间的比较，不宜用"同比"，可改为"相比"。例 2 是与上一年度全年销售量的比较，"同比"可改为"环比"。

【辨析】

《现代汉语词典》关于"同比"的解释是"跟以往同一时期相比，多指跟上一年同一时期相比（区别于'环比'）"。这里具体说明一下：

第一，"同比"专门用于某项数据与以往同一时期情况的比较，而不是同随意某个时期的比较，更不是不同对象之间的比较，不能把"同比"用于一般比较，望文生义地当成"同……比"来用。

第二，"同比"比较的时间范围是一年中某个时期的数据，即"年"中之"期"，可以是一个月或几个月，也可以是一个季度、半年或三个季度，但不能用于整个年度的比较。

第三，使用"同比"时，必须明示比较的时间范围，不然就无所谓"同一时期"的比较。如："去年上半年销售额为 120 万元，今年上半年达 180 万元，同比增长了 50%。"这里就明确了时间范围为"上半年"。同时，因为前面明确了时间周期，"同比"前后就不应再加表示时间周期的词语，以免重复。

【链接】"同比"与"环比"

"同比"与"环比"是一组容易混淆误用的词语。"同比"是指某项统计的数据跟以往同一时期相比，通常跟上一年同一时期相比。"环比"是指现在的统计周期与上一个统计周期相比，分为日环比、周环比、月环比、年环比等。

"同比"统计数据的时间范围一般具有灵活性，可以根据需要来确定为一年中的某一段时间。可见"同比"所比较的两个时期是不相邻的。

"环比"用来比较的周期则是固定的，一般就是以日、周、月、季度、年等为单位，如某月数据"环比"变化，就是与上一月相比。因此，"环比"所比较的两个周期之间是相邻的。

破坏事物基础是"挖墙脚"

[错例] 1.我还记得那幅漫画，几个挖墙角者兴奋地抱着砖头，殊不知一堵高墙正向他们压下来。

2.许多餐馆经营者为了得到自己看好的人才，不惜采用挖墙角的方式，用重金吸引他们。

【诊断】

不明"挖墙脚"的词义致误。"挖墙脚"表示挖掉墙体的基础或者拆台的意思。上面两个例句中的"挖墙角"都应改为"挖墙脚"。

【辨析】

"挖墙脚"和"挖墙角"读音相同，但是一个挖墙之"脚"，一个挖墙之"角"。

"墙脚"是俗话说的墙根。在建筑结构中，墙脚是基础部位，其他一切结构都是建立在墙脚之上的，所以汉语中常用"墙脚"比喻事物的根本。"挖墙脚"是一种比喻性的说法，形容一种极其危险的破坏行为。

"墙角"是指方向不同的两堵墙相接所形成的角或其所在的地方，古称"隅"，现也称"角落"，是一个大致呈三角形的平面区域。对墙角这块地面挖掘，会挖出深坑，但不会直接破坏建筑物的基础，不足以动摇整座建筑物。

所以要表示破坏事物的基础的意思，用"挖墙脚"才是正确的。词典中只有"挖墙脚"而没有"挖墙角"。

【链接】"足"与"脚"

"足"是一个合体象形字,其基本部分为"止",上加"口"形。本指人的下肢。如《战国策·赵策四》:"老臣病足,曾不能疾走,不得见久矣。""病足"就是下肢有病。后因"股"和"胫"分别表示下肢中的大腿和小腿,"足"常用来指脚掌,即踝骨以下的部分。

"脚"本指小腿部分,是小腿的泛称。《说文·肉部》训"脚"为"胫也"。段玉裁注:"脚之言却也。凡却步必先胫。"意思是说"脚"之所以与"却"有关,是因为退步一定要先动小腿。到了隋唐,越来越多出现了引申指脚掌的用法。

可见,古汉语中"足""脚"原本所指不同,后又都可用于指脚掌,不过色彩上有文白之异。现在"足"已较少单用,"脚"则基本上同古代的"足"一样,既是脚掌部分的通称,又作下肢的泛称。

"万人空巷"人何在？

[错例] 1.当年电视连续剧《渴望》播出时，大家都在家里观看，街上万人空巷。
2.很多店铺都没有开门，街上冷冷清清，万人空巷。

【诊断】

对"万人空巷"望文生义致误。"万人空巷"表示人们都从巷子里走出来观看或参加大型活动，多用来形容轰动一时的盛况。以上两例用"万人空巷"来形容人们都待在家里不出门而使巷子空了，意思完全弄反了。两处"万人空巷"都可以改为"空无一人"或"空空荡荡"等词。

【辨析】

"万人空巷"一词见宋代苏轼《八月十七复登望海楼》诗："赖有明朝看潮在，万人空巷斗新妆。"描写的是杭州城的人们为了看钱塘江大潮，大家都盛装出行，巷子显得空空荡荡的，没有人迹。常用于形容庆祝、欢迎等盛况或新奇事物轰动一时的情景。

"万人空巷"常会被误用于描写人们都待在家里不出门的情形，这是仅从"空巷"字面意思去理解，而忽视了成语意义的整体性。要准确用好"万人空巷"，主要应该把握以下关键：首先要明白"空巷"的原因，常常是因为重大的节日或庆祝活动等吸引人们走出家门和小巷，聚集在了一起；其次就是要清楚人们"空巷"的去向，不是宅在各自家里，而是到其他能聚集更多人的地方，如大街、广场、礼堂、影剧院等等。

【链接】大"街"小"巷"

通常我们把城市的道路统称为"大街小巷"。街和巷是有区别的，简言之就是"直为街，曲为巷；大者为街，小者为巷"。《说文解字》："街，四通道也。"街指比较宽阔的、两边有房屋并开有各种店铺的道路。而"巷"是指小的路，《说文解字》："巷，里中道。""里"是邑中的社区，"巷"是里中的道路。可见，巷指生活区域间道路，通常比较狭小，是城市中最基本的供人通行的道路，也是城市道路中最小的单位。"巷"从元代起受蒙古语影响，也称胡同，在南方也叫里弄。

简言之，街是喧闹繁华的大路，巷是生活区家门口比较僻静的小路。如果说街是城市的主动脉，那么巷就是毛细血管。

"望其项背"指赶得上

［错例］1.这篇文章议论入木三分，结构别出心裁，文字如行云流水，我等只能望其项背。

2.中国女排在亚洲高居第一，407分的成绩让亚洲其他强队只能望其项背。

【诊断】

不明"望其项背"的意义和用法而致误。"望其项背"意思是能够望见别人的颈的后部和脊背，表示赶得上或比得上。以上两例却将其当成赶不上或比不上的意思，都可改为"甘拜下风"，或将"只能"改为"不能"。

【辨析】

"望其项背"又叫"望其肩项"。如清代汪琬《与周处士书》："议论之超卓雄伟，真有与《诗》《书》六艺相表里者，非后世能文章家所得望其肩项也。"清代陈廷焯《白雨斋词话》卷三："板桥、心余辈，极力腾踔，终不能望其项背。""项"指脖子的后部。"望其项背"本义是能够看到别人脖子的后部和脊背，比喻有能力赶得上或比得上。

在现实使用中，"望其项背"常用于否定句中，多与"不敢""不能""无人""无法""难以"等具有否定义的词语连用，用来表示赶不上之义。如鲁迅《病后杂谈》："这真是天趣盎然，决非现在的'站在云端里呐喊'者们所能望其项背。"

"望其项背"也能用于反问句中，同样表示赶不上、达不到的意思。如："这部巨著的伟大之处，岂是其他作品能望其项背的？”

实际使用中之所以误用"望其项背"，是因为常有人误认为既然只能望见前人的后脖颈和背影，想必是远远落在人家后面赶不上了，却不知是表示已经距离不远，快要赶上了。

【链接】"望其项背"与"望尘莫及"

"望其项背"与"望尘莫及"都用于形容追赶前头的事物，但意思恰恰相反。

"望尘莫及"又作"望尘不及"或"望尘靡及"。语本《庄子·田子方》："夫子奔逸绝尘，而回瞠若乎后矣。"《后汉书·赵咨传》："暠送至亭次，望尘不及。"意思是说望着车辆过后的尘土，却追赶不上。后用"望尘不及"形容远远落在后面赶不上。如老舍《赵子曰》："你由欧阳的一片话，会悟出这么些个道理来，你算真聪明，我望尘莫及。"

"望其项背"本义是能够望见别人的颈的后部和脊背，表示赶得上或比得上，一般只用于否定结构中，如"不能望其项背"，意思大致等同于"望尘莫及"，表示赶不上。

"危言危行"不危险

［错例］1.美国政府在台湾问题上的危言危行，只能是搬起石头砸自己的脚。

2.毕竟身负"信息披露之外重要补充"的使命，董秘也成了危言危行的职位。

【诊断】

不明"危言危行"的词义，望文生义致误。"危言危行"表示说正直的话，行正直的事，但经常被误用来指危险的言行或言行具有危险性。例1中的"危言危行"可改为"危险言行"，例2中的"危言危行"可改为"言行危险"等。

【辨析】

"危言危行"一语出自《论语·宪问》："子曰：'邦有道，危言危行；邦无道，危行言孙。'"危：正，正直。孙：同"逊"，谦逊，在这里有顺从、谨慎的意思。这句话的意思是，孔子说："国家有道，说正直的话，做正直的事；国家无道，做正直的事，说话要谨慎。"这是孔子提倡的为人处世的基本原则。所以"危言危行"的意思就是"讲正直的话，做正直的事"。

西晋史学家陈寿在《三国志·魏书》中写道："当官不挠贵势，执平不阿所私，危言危行以处朝廷者，自明主所察也。"表明了"危言危行"是为官之正道。南唐诗人李中在《送仙客》诗中写道："危言危行是男儿，倚伏相牵岂足悲。"这里用"危言危行"来说明男子的品行要正直。可见，"危言危行"是历来所倡导的好品质，是一个褒义词。

【链接】说"危"

"危"的本义为人在高处感到害怕。《说文解字》："危，在高而惧也。"从一开始，"危"就有"高"和"险"的意义。如唐代李白《夜宿山寺》诗："危楼高百尺，手可摘星辰。""危楼"指高楼。目前"危"的这个含义在现代汉语里已经几乎不用了。而"危"表示危险的意思，是现在最常用也是人们最熟悉的。《韩非子·十过》有"其君之危，犹累卵也"之句，意思是说（曹国）国君的处境危险得像堆起来的鸡蛋了，这也是成语"危如累卵"的源头。现代汉语大部分带"危"的词语用的是其"危险"之义，如"危险""危房""危急""危局"等。

后来，"危"又引申出了端正之义。《广雅·释诂一》："危，正也。"例如《管子·弟子职》："出入恭敬，如见宾客。危坐乡师，颜色毋作。""危坐乡师"意思是与师长交流要端端正正坐好，不要太散漫。《史记·日者列传》："宋忠、贾谊瞿然而悟，猎缨正襟危坐。"这是"正襟危坐"一语的出处，"危坐"是端正地坐着的意思。

总之，"危"常见的有"高""危险""端正"等几个含义，平时遇到要仔细加以辨别，尤其是在一些古代语词中。

"尾大不掉" 难指挥

[错例] 1. 那些在考试中反映出的问题，通常已经长期存在，越积越多，尾大不掉，解决起来，困难重重。

2. 职工们为了保饭碗，不敢拿起法律的武器维护自身合法权益，任由用人单位为所欲为，长此以往，势必愈演愈烈，尾大不掉。

【诊断】

不明"尾大不掉"的词义致误。"尾大不掉"即尾巴太大，难以摆动。这个成语比喻因属下势力太大而难以指挥，或机构组织庞大而臃肿而不好调度。例1指的是问题越积越多，难以解决，例2意在表达对"有法不依"现象的忧虑，都与"尾大不掉"无关。例1可改为"积重难返"，例2可改为"不可收拾"。

【辨析】

"尾大不掉"一语出自《左传·昭公十一年》。春秋时，楚灵王想封公子弃疾为蔡公，为此询问申无宇。申无宇答："末大必折，尾大不掉，君所知也。"意思是说树梢太大了必然会折断，尾巴太大了就不易摆动。其中"掉"是摇动、摆动的意思。

这个成语后来常用来比喻属下势力强大，或组织庞大、涣散，难以指挥调度。如宋代范仲淹《与省主叶内翰书》："自李唐中微，天下多事，诸节度各聚州兵，据征赋以自支，故有尾大不掉之衅起矣。"也用来比喻事物前轻后重，难以驾驭。明代郎锳《七修类稿·陈友谅始末略》："今乘尾大不掉之舟，损兵弊甲，迟迟与吾相持。"

可见，"尾大不掉"主要适用的两种情况：一是在上下级关系中，下属变大变强，上级难以控制和指挥；二是事物的前后关系中，因后面显得庞大沉重而难以驾驭。该词用错，是因为将"掉"错误解释成甩掉、摆脱，再联系"尾大"二字，误当成甩不掉的意思。

【链接】关于"掉"头

开车时常听到说"前方请 diào 头"，在交通标示牌上常见到"禁止掉头"的字样，对于 diào 该写成"调"还是"掉"，常有争议。其实现行常用词典都明确指出"转向相反的方向"用"掉头"，而不推荐"调头"，道路交通安全法律法规用的也是"掉头"。

"调头"是近现代才出现的词语，而"掉头"表示掉转方向的含义颇有历史渊源。"掉"的本义为躯体某部分摇动、摆动，进而引申为挥动手中所持的东西，再引申出"回转，掉转"的意思，于是有了"掉头"一说。唐代杜甫《送孔巢父谢病归游江东兼呈李白》诗："巢父掉头不肯住，东将入海随烟雾。"如宋代陆游《送王季嘉赴湖南漕司主管官》："王子掉头去，长沙万里余。""掉头"即车、船等转向相反方向的意思。

"调"和"掉"都有变换位置的意思，"调"重在位置的变化，"掉"重在方向的改变。所以我们认为"掉头"是首选的正确写法。

量词"位"用于尊者

[错例] 1.一位朴实的农村老人，被三位骗子用假牛黄骗去巨款 4 万元。

2.这 22 位大贪官无论曾经供职于什么单位，有的大约是干过一把手的吧，但要查处时却统统都是副职。

【诊断】

"位"作为量词，用于表示人的数量单位，通常含有敬意，不适用于不应受到尊敬的人。例 1 用"位"来指称骗子，例 2 用"位"来指称贪官，都是不合适的，可改为"名"或者"个"。

【辨析】

"位"用于人，含敬义，所指称的对象是有范围限定的。《现代汉语词典》和《现代汉语量词规范词典》对量词"位"的解释是"用于人（含敬意）"，《汉语大词典》的注释为"用于称人，含敬意"。如平时我们称呼"诸位""二位"等就是带有敬意的。

因此，"位"一般不能用于以下几种情况：

一是不能用于可恶、可恨的人，因为这些对象不值得表示敬意。如称"两位罪犯"是很不妥的。

二是不能用于成年人称呼未成年人，对婴幼儿和儿童尤其不能用"位"来敬称。如说"三位儿童"就不恰当。

三是从人称来看，"位"只能敬称他人，可用于第二、第三人称，而不能用于第一人称。如自称"我是一位观众"

也是不合适的。

【链接】"位"怎样演变成量词的

"位"在中唐以前基本上是作为一个名词使用的，其意思是"位置、座位、官位、灵位"等等。《战国策·赵策四》："位尊而无功，奉厚而无劳，而挟重器多也。"文中的"位"指地位。

中唐至两宋时期，名词"位"出现了语义虚化、朝量词发展的趋势。有的"位"仍带有"位置"的含义，还不具备单纯量词的特点，如南宋普济《五灯会元》："贤劫众圣祖，而当第七位。"这里"位"有"尊位"的意思。也有的"位"已基本成为量词。如南宋黎靖德《朱子语类》："乃是呼去问诸王诸公主所在，宫人有几位，诸王有几位。"

明代以后，特别是在明清小说中，"位"广泛用作量词。如《二刻拍案惊奇》卷十七里有"闻知有位景小姐"。总体来看，量词"位"来源于其名词义座位、地位，无论皇位、帝位，或是官位、爵位，还是牌位、灵位，"位"都含尊重、尊贵、尊崇之义，由此演化出来的量词"位"自然就带上了这层色彩。

"无礼""无理"大不同

[错例] 1. 如果司机无礼取闹，将按治安的有关规定给予处理。
2. 拒绝也是一门艺术，如果方法得当，不仅可以轻松拒绝他人的无礼要求，也避免了自己再次受到勒索。

【诊断】

不明"无礼"词义致误。"无礼"和"无理"两个词读音相同，词义和用法上容易混淆。以上两例意指不讲道理的行为，用"无礼"不当，应改为"无理"。

【辨析】

"无礼"和"无理"都是用于描述人的言行的词语，但又有所区别，需要根据具体的情境进行区分使用。可以从词语的含义、评价对象和常见搭配等方面加以辨别。

首先，词义不同。"无礼"是指没有礼貌，"无理"是指没有道理，反义词分别是"有礼"和"有理"。"无礼"主要是指人的失礼行为，即言语上或行动上不尊重他人的表现，侧重于行为的礼貌性，遵循一般的社交习惯。而"无理"则主要指想法或行为的不合理或者没有根据，侧重于决策和行动的合理性和公正性。

其次，评价对象有区别。"无礼"既可以评价人的言行，也可以评价人的品质，如"他对老人说话很无礼""他是一个很无礼的人"。"无理"只能是对人的言行表现作出评判，如"他的要求非常无理"，而不宜描写人的品质、品性，不能说"这个人真无理"。

第三，常见搭配不同。"无礼"的常见搭配有：说话无礼、举止无礼、态度无礼、轻薄无礼、傲慢无礼等。"无理"的常见搭配有：无理要求、无理批评、无理指责、言之无理、无理取闹、蛮横无理等。一般不能互换。

【链接】讲讲"礼"

"礼"本字为"豊"，甲骨文像两玉盛在礼器"豆"中的样子，表示致祭之义。篆文加上义符"礻（示）"，变成了从示从豊会意，豊兼表声。隶变后楷书写作禮，如今规范写作"礼"。

"礼"本义为敬事神灵以求福，如杜甫《往在》诗："前春礼郊庙，祀事亲圣躬。"再引申泛指由社会风俗习惯形成的行为准则、道德规范等，如"礼法""礼教""以礼相待""礼尚往来"。由此又引申出与遵从行为准则、道德规范相关的一系列含义。可以表示对人敬重，如"礼贤下士""礼遇"；表示敬意或隆重而举行的仪式，如"婚礼""典礼""祭礼"；表示感谢、敬意和庆贺的物品，如"礼轻情意重""献礼""贺礼""薄礼"；还可以表示敬意的态度或动作，如"彬彬有礼""敬礼""礼节"等。这些含义在现代汉语中还很常用。

"下里巴人" 不指人

[错例] 1. 这项技艺长期被认为是不登大雅之堂的雕虫小技，是缺乏文化的下里巴人在传承，故而很少有相关资料或文献传世。
2. 楼下正厅为达官贵人等预先包下，他们携带娇妻艳妾来看戏，不与下里巴人混杂。

【诊断】

对"下里巴人"望文生义致误。"下里巴人"虽然有"人"字，但并不是指人。上面两个例句都用"下里巴人"指没有文化或地位不高的人，显然用错了，可以改为"乡下人"或"下等人"。

【辨析】

要用对"下里巴人"，知道它的来历很重要。《文选·宋玉〈对楚王问〉》："客有歌于郢中者，其始曰《下里》《巴人》，国中属而和者数千人……其为《阳春》《白雪》，国中属而和者数十人。"唐代李周翰注："《下里》《巴人》，下曲名也。《阳春》《白雪》，高曲名也。"可见"下里"和"巴人"是两首民间乐曲的名称。因为这是两首在当时流行比较广的通俗乐曲，所以后来就借以泛指通俗普及的文艺作品，包括音乐、舞蹈、文学、戏曲等。如清代李绿园《歧路灯》："谭、娄纯正儒者，那得动意于下里巴人。"

从"下里巴人"颠倒作"巴人下里"，也可以印证"下里"和"巴人"之间的并列关系，例如清代荻岸山人《平山冷燕》

中有"晚生末学，'巴人下里'之词只好涂饰闾里"之语。

明乎此，就不容易犯把"下里巴人"当作人的错误了。

【链接】"阳春白雪"与"曲高和寡"

成语"阳春白雪""曲高和寡"与"下里巴人"一样源于战国时宋玉的《对楚王问》，并有着密切关系。

《阳春》《白雪》与《下里》《巴人》都是战国时期的乐曲名，只是格调有所不同。《下里》《巴人》属于比较通俗普及的乐曲，而《阳春》《白雪》则是比较高雅的乐曲。两组乐曲名后来分别演化出了成语"下里巴人"和"阳春白雪"。

"阳春白雪"泛指高深的或高雅不俗的文学艺术，跟"下里巴人"构成一对反义词，经常对举使用。如毛泽东《在延安文艺座谈会上的讲话》："现在是'阳春白雪'和'下里巴人'统一的问题，是提高和普及统一的问题。"

宋玉《对楚王问》中还记载，有人在郢都唱《下里》《巴人》时，跟唱的人很多，而唱《阳春》《白雪》时却应和者寥寥，"是其曲弥高，其和弥寡"。这就是另一个成语"曲高和寡"的源头。原本的意思是曲调高深，能跟着唱的人很少。以前形容知音难得，现在比喻言论或艺术作品不通俗，能理解或欣赏的人很少。

分清"刑拘"与"行拘"

[错例] 1.经群众举报，某知名人士在北京因嫖娼
而被刑拘。

2.一男子持摩托车驾驶证开小汽车上高速
还酒驾，在沈海高速厦门收费站入口，被
厦门高速交警逮个正着，被处以刑拘7日、
罚款 2500 元、暂扣驾驶证 6 个月的处罚。

【诊断】

因不明法律术语，将"刑拘"与"行拘"混淆致误。
两者音同但含义差别很大。以上两例所涉案例都不能用"刑
拘"，都应改为"行拘"或"行政拘留"。

【辨析】

"刑拘"即"刑事拘留"的简称，"行拘"是"行政拘留"
的简称，这是两种完全不同的拘留处罚。

首先，法律依据和性质不同。刑拘的法律依据是《中
华人民共和国刑事诉讼法》，刑拘是一种临时的保障性强
制措施，不是制裁手段。行拘依据的是《中华人民共和国
治安管理处罚法》《中华人民共和国行政处罚法》等，是
一种行政制裁和处罚方式，其目的是惩罚和教育有一般违
法行为的人。

其次，拘留对象和执行机关不同。刑拘的对象一般是
触犯刑法，需要追究刑事责任的现行犯或重大犯罪嫌疑分子，
由公安机关和检察院执行，羁押地点在看守所。行拘的对象
则主要是违反《中华人民共和国治安管理处罚法》而又未构

成犯罪的违法者，只能由公安机关执行，羁押地点在拘留所。

再次，羁押期限和后续程序不同。普通刑事案件中，对犯罪嫌疑人的羁押期限为 14 日。对有流窜作案、多次作案、结伙作案等情节的犯罪嫌疑人的羁押期限最长不超过 37 日。在此期限内，检察机关没有批准逮捕但仍需要继续侦查的，必须在期满后改变刑事强制措施，不得继续羁押。行拘最长一般不超过 15 日，并罚时不超过 20 日；一般期限一到就直接释放。

在新闻媒体上，我们经常见到将"行拘"误写成"刑拘"，这是不正确的，应该严格区分这两种不同性质的拘留。

【链接】"拘留所"与"看守所"

"刑事拘留"和"行政拘留"都有"拘留"二字，有人就以为相关人员拘押地点都是拘留所。其实不然，行拘对象羁押场所是拘留所，而刑拘对象羁押场所是看守所。两种羁押场所主要区别在于：

一、设置的法律依据不同。拘留所依据《中华人民共和国治安管理处罚法》设置，看守所依据《中华人民共和国刑事诉讼法》和《中华人民共和国看守所条例》设置。

二、性质界定不同。拘留所是国家行政羁押机关，而看守所则具有刑事羁押机关的性质。

三、羁押对象不同。拘留所羁押的对象是行政拘留的人以及法院决定司法拘留的人。看守所羁押的对象是依法被逮捕、刑事拘留的犯罪嫌疑人，或者已被判决有期徒刑一年以下及余刑不满一年，不便送往劳动改造场所执行的罪犯。

使用"悬殊"切忌画蛇添足

[错例] 1. 大多数的夫妻，从年龄上来讲，基本上都是男大女小，或者悬殊不大。

2. 双方实力悬殊微乎其微，这场比赛恐怕难分高下。

【诊断】

不理解"悬殊"词义致误。"悬殊"形容差距很大，不能仅仅理解为有差距。上面两例都用错了"悬殊"，可将"悬殊"改为"差距"。

【辨析】

"悬殊"是一个书面色彩较浓的词。"悬"本义为"挂、吊"，引申出相距很远、相差很大，如"悬邈"。"殊"本义为断首而亡。《说文解字》："殊，死也。"引申为差异、不相同的，如"殊途同归"意思是通过不同路径到达同一目的地。合成"悬殊"一词，形容差别很大。例如《隋书·杨善会传》："每恨众寡悬殊，未能灭贼。"

"悬殊"是形容词，可形容高低、优劣、甘苦、众寡、贫富，或用来形容力量、水平、程度、数量、比分、看法、情势和待遇等。我们说"地位悬殊""贫富悬殊""敌我人数悬殊"就可以了，不用再加表示差距幅度的词来修饰或者补充说明，因为"悬殊"已经表达了差距巨大的意思。"很大的悬殊""悬殊很大"等说法是犯了画蛇添足的毛病。而"极小的悬殊"等说法，更是语义矛盾的错例。我们要将"悬殊"作为"差距很大"的意思去理解和使用，才不会出错。

【链接】关于"差距（相差）悬殊"

"悬殊"本就指差距很大，但在使用时还有一种情况，有人喜欢在前面加上"差距""相差""差别"之类的词。例如：

1. 两年后，这对世界上身高相差最悬殊的夫妻的爱情结出了硕果，一个健康漂亮的儿子诞生了。

2. 如果社会成员之间的收入差距过分悬殊，影响到社会的稳定，政府的收入结构政策应侧重于缩小收入差距，增进平等。

很显然，句中的"相差""差距"与"悬殊"在词义上重复了。对于这类情况，吕叔湘先生在《语文常谈》里就认为是"不足为训"的。但也有人认为这种重复可以视为语义上的强调，不会导致理解上的错误，认为是可以接受的。我们认为，以语言的严格规范来要求的话，上例中的"相差""差距"完全可以删除。

"一病不起"意味死亡

[错例] 1.去年暑假，我和几个朋友去西藏玩，结果刚到拉萨就一病不起，根本没有好好欣赏到高原的风光。

2.从团体赛到单项比赛，瑞典选手的精神状态和体力一直不佳。阿佩伊伦一病不起，提前回国；瓦尔德内尔也显得十分疲劳。

【诊断】

对"一病不起"望文生义致误。"一病不起"的意思是得病后病情一天天恶化，直到死亡。以上两例都将"一病不起"当作一般的卧病或生病来理解，显然误解了词义。例句两处"一病不起"都可以改为"病倒了"。

【辨析】

"一病不起"指的是得病后日益恶化，直至死亡。可见宋代洪迈《夷坚乙志·光禄寺》："蒋安礼为光禄丞，斋宿寺舍，因喷嚏，鼻涕堕卓（桌）上，皆成小木人，雕刻之工极精，揽取之则已失矣，顷之复尔。凡堕木人千百，蒋一病不起。"这个故事说的是：蒋安礼做光禄丞时，吃饭睡觉都在寺内。有一次打喷嚏，鼻涕掉在桌子上，都变成了小木人，这些木头人雕刻得很精致，他伸手去拿却都消失不见了。总共掉下来成百上千个小木人。蒋安礼于是一病不起，死去了。又如《儿女英雄传》第三二回："那詹典在途中本就受了些风霜，到家又传了时症，一病不起，呜呼哀哉死了。"

《现代汉语规范词典》对"一病不起"的解释是："得

病后，就再也没有恢复健康。"《汉语大词典》的解释是："谓卧病后日见沉重，终至死亡。"可见，这些词典的释义是一致的。"一病不起"的字面意思是得病之后就再也起不了床，但为什么实际表示的是生病后病情日益加重，终至死亡呢？关键在"不起"二字。这里的"不起"是"死"的婉辞表达。

在人们的交往中，经常在某些场合，有某些事情不便、不能或不愿直接说出来，需要采用更含蓄、婉转、迂回的说法来表达。这时人们就会用到婉辞来代替直白的表达，以达到更加和谐、顺利的交际效果。"一病不起"就是避免了直接用"死"这样的字眼来表示死亡，而用病倒后"不起"这样委婉含蓄的说法来代替。

【链接】关于死亡的婉辞

在汉语中，有许多关于死亡的委婉表达形式。常见的有：

一、"离别、远行"类，如"谢世、离世、长辞、辞世、永别、与世长辞、去、走、过去"等。

二、"休息、睡觉"类，如"长眠、永眠、安眠、安息、闭眼、合眼、寿终正寝"等。

三、"舍弃生命、世界"类，如"弃养、弃世、见背、捐躯、殉职"等。

四、"灭没、消逝"类，如"陨灭、殒命、殒身、逝世、仙逝、永逝、长逝"等。

五、"得道成仙或功德圆满"类，如"归真、仙逝、上天、升天、羽化、驾鹤西去、圆寂、涅槃、坐化、归西、归天"等。

六、"遭受灾难或意外"类，如"罹难、被难、遇难、殉难、好歹、长短"等。

"一发不可收"
与"一发不可收拾"

[错例] 1.这件事情，如果处理得不当，就一发不可收了。

2.他下班时淋了雨，滑了一跤，一瘸一拐地回家后发现孩子又病了，倒霉的事情并在一处，一发不可收。

【诊断】

不明"一发不可收"的词义而致误。以上两例中"一发不可收"都应改为"一发不可收拾"。

【辨析】

"一发不可收"也作"一发而不可收"，意思是"事情更加不能收住"。如清代王夫之《读通鉴论·隋文帝》："乱败之及，一发而不可收也。"鲁迅《呐喊》自序："从此以后，便一发而不可收，每写些小说模样的文章，以敷衍朋友们的嘱托，积久就有了十余篇。""一发"即更加、越发。"收"有结束、停止的意思。意思是事情一旦发生或局面一经打开，便势头很猛，发展得十分迅速，并保持不断发展、停不下来的态势。

"一发不可收拾"也作"一发而不可收拾"，在《中华成语大词典》上的解释是："事情一旦发生便不可收拾。形容对发生的情况难以控制。"如清代李宝嘉《官场现形记》第十二回："……又全被统领听在耳朵里，所以又是气，又是醋，并在一处，一发而不可收拾。""收拾"有整理整顿的意思，通常是针对败坏、混乱的情况而言的。所以"一发不可收拾"多用来表示事情一经发生或局势一旦形成，便无法遏制其向坏的方向发展，造成无法整顿、挽救的局面。

可见，"一发不可收"属于中性词，形容事情发展不能停下来，可以用于好的、积极的方面。而"一发不可收拾"含有贬义，常用于形容不好、负面情况的发展难以阻止。

【链接】小议"收拾"

"收拾"一词有多项词义，常见的有如下几种用法。

一是本义，即"收集、收聚"。如唐末五代齐己《送泰禅师归南岳》诗："有兴寄题红叶上，不妨收拾别为编。"

二是"整理、整顿"。如"收拾行李""收拾残局"。

三是"惩治、整治"。如："等你爸爸回来收拾你！"

四是"消灭"。如："敌人全被我们收拾了。"

"一网打尽"不要用错对象

[错例] 1. 这所学校招生办的领导对外宣称：要将符合条件的好苗子一网打尽。

2. 他不无得意地说："我们花费了巨大的代价，终于做到了把这些青年才俊一网打尽。"

【诊断】

不明"一网打尽"的适用对象致误。"一网打尽"有将坏人全部抓获或彻底肃清的意思。例1可将"一网打尽"改为"全部录取"。例2可将"一网打尽"改为"罗致门下"。

【辨析】

"一网打尽"本义是用网作为工具捕鱼或捕兽时，一次性将鱼或野兽一个不漏地捕捉到，后比喻全部抓获或彻底肃清。如宋代魏泰《东轩笔录》卷之四："刘侍制元瑜既弹苏舜钦，而连坐者甚众，同时俊彦，为之一空，刘见宰相曰：'聊为相公一网打尽。'"意思是说，苏舜钦被弹劾后，遭株连的人众多，当时杰出之人为之一空。参与弹劾的刘元瑜得意地对当时的宰相说：把他们一网打尽了！

"一网打尽"现在比喻把坏人全部抓获或彻底肃清。这个词适用于坏人，而不宜用于好人或正面人物身上。如老舍《四世同堂》："她打算在招弟结婚的时候动手，好把冠家的人与道贺来的汉奸，和被邀来的日本人，一网打尽。"又比如2023年媒体报道："相关部门应顺藤摸瓜，通过违法厂家的销售渠道锁定经营链条上的其他不法商家，必要时采取跨地区、跨部门联合执法，将违法违规的医美机构一网打尽。"

【链接】"一网打尽"与"一扫而光"

"一网打尽"与"一扫而光"都有"彻底除尽"的意思，但两者存在以下区别：

首先，适用范围和对象不同。"一网打尽"适用于人，多为坏人或敌对方面的人。"一扫而光"适用对象比较广泛，不但适用于抽象事物，如人的威风、疲劳、顾虑、委屈等，也适用于具体的事物，如食物等。

其次，语法功能不同。"一扫而光"后面不能直接带宾语，例如，一般说"把满腹疑虑一扫而光"，而不能说"一扫而光满腹疑虑"。"一网打尽"后边可带宾语，如"要一网打尽这个犯罪团伙"。

"议案"有特指

[错例] 1. 全国政协委员针对国家机构改革，提出了自己的议案。

2. 团代会代表向团代会提出相关工作重大问题的议案，须有院团委委员1名以上（含1名）或3名以上（含3名）团代会代表与之联名或附议。

【诊断】

不明"议案"作为政治专用术语的使用范围致误。"议案"现特指由法定主体依照法定程序提请本级人民代表大会或人大常委会会议进行审议并作出决定的议事原案。以上两例"议案"提请人和受理对象都不符合要求，属误用。例1可改为"提案"，例2可改为"建议"。

【辨析】

"议案"本指列入会议议程的提案。例如："凡向议案发议论及向议案发改正之议者，人数不到二十名以上不得作为议题。"（清代傅云龙《游历日本图经》卷十九）

在我国当代政治生活中，"议案"是一个专门术语，指由人大代表和法定机关依照法定程序提请本级人民代表大会或人大常委会会议进行审议，并要求人大会议讨论、作出决定的议事原案。在人民代表大会召开期间，议案提交人大会议审议，在闭会期间则提交人大常委会会议审议。议案一经通过就具有法律效力。

其他情况下，个人、组织或团体所提出的有关计划和建议的文案，都不能称为"议案"，一般称"提案"。

【链接】"议案"与"提案"

"两会"期间，人大代表、政协委员分别提交"议案"和"提案"。两者都是计划和建议性文案，经常会被混为一谈。其实两者虽仅一字之差，却有本质之别。

一是提出的主体不同。一般说来，"议案"用于人民代表大会工作。提出人大议案，必须是法律规定的单位或代表团。人大代表提出议案必须达到法定的人数，县级以上人大代表十人以上联名、乡镇的人大代表五人以上联名才有权提出议案。而"提案"用于人民政协工作，提案的主体要求相对较宽，既可以是政协的各专门委员会或参加政协的各党派、人民团体，也可以是政协委员个人或联名，人数不受限制。

二是内容要求不同。议案内容在法律上有明确规定：会议期间向人大提交议案，必须属于本级人民代表大会职权范围内。闭会期间向人大常委会提交议案，必须属于本级人大常委会职权范围内。而政协提案除了格式上有具体的要求，其内容上没有那么严格的限制，比较宽泛。

三是通过方式不同。人大议案须经人民代表大会或人大常委会会议审议后表决通过，然后形成相应的决议或决定。而政协提案只要经过提案委员会审查，符合《中国人民政治协商会议全国委员会提案工作条例》的规定，便予以立案。

"异议"不同于"疑义"

[错例] 1."不可能有这样的事!"她对他的话提出了疑义。

2.多数居民明确反对动迁方案,大家马上填写了疑义表格。

【诊断】

不明"疑义"与"异议"词义区别而致误。两个词语读音相近,都是名词,常出现混淆的情况。上面两例用"疑义"表示不同观点或主张,是不恰当的,两处"疑义"应改为"异议"。

【辨析】

按《现代汉语词典》《现代汉语规范词典》等辞书的解释,"疑义"是指可以怀疑的道理或可疑之点,"异议"则是指不同的或者反对的意见。具体而言,两者区别主要体现在:

一是词义侧重不同。"异议"侧重在"异",即"不同"。"议"为"意见、主张",指对某一观点、主张或决定等持有的不同或者相反的意见,是与原意见有并列关系的明确的意见。"疑义"侧重在"疑",即"疑惑","义"为"含义、道理",指存在疑虑而不能确定的含义或事理,或可疑之处。

二是产生原因和解决途径有别。"异议"的产生,主要源于人的价值观、信念、利益或者经验等与所反对的事物存在冲突。通常需要通过讨论、协商或者辩论来解决,以达成共识或接受差异。"疑义"的形成主要源于信息的不完整、不准确,或接收者对信息的理解能力有限。通常需要通过更多的证据、信息或解释来解决,以达到清晰的理解。

三是搭配关系有异。"异议""疑义"都能和"有""无（没有）""毫无""存在"等动词搭配。但是"切磋疑义""解答疑义"中"疑义"不能换成"异议"，而"提出异议""接受异议""排斥异议""异议蜂起"中"异议"也不能换作"疑义"。

【链接】古代"异议"的含义

在古代汉语中，"异议"一词主要有三种含义和用法：

第一，作名词，指不同的意见。如《后汉书·耿弇传》："每有四方异议，辄召入问筹策。"

第二，作动词，指持不同意见。如韩愈《论淮西事宜状》："当今之世，则人人异议，以惑陛下之听。"

第三，作名词，法律用语，指法官对狱案判断有不同意见者，得提出另行讨论。如《唐律·断狱·疑罪》："诸疑罪，各依所犯，以赎论。即疑狱，法官执见不同者，得为异议。议不得过三。"

"因人成事"含贬义

[错例] 1. 教师对接职业岗位，着力打造"双师型"队伍，因人成事，提高了课堂内容的含金量，更直接将科研成果孵化为实际效益。

2. 建国初期，英雄的中国人民万众一心，因人成事，凭自己的力量初步建立起新中国的经济体系，为社会主义的发展奠定了基础。

【诊断】

不了解"因人成事"的词义，望文生义致误。"因人成事"表示依赖别人的力量办成事情，常作贬义词用，或表示自谦，不宜用于褒扬之义。例1用"因人成事"来表示因为教师队伍能力的提升而带来教学质量的提高，例2用"因人成事"来表示发挥众人的力量成就事业，都不恰当。

【辨析】

"因人成事"出自《史记·平原君虞卿列传》："公等录录，所谓因人成事者也。""因"是凭借、依靠的意思。这句话是说：你们庸庸碌碌，这就是依靠别人的力量才能把事情办成的人。后来以"因人成事"来表示不能独立承担重任，只能依靠别人的力量办成事情。

"因人成事"如果用于形容他人，则表示对象只能靠别人的力量完成重任，意味着其是平庸之辈而不能独当一面，含贬义。如宋代王谠《唐语林·雅量》："臣以文章直道进身，非碌碌因人成事。"老舍《四世同堂》六八："晓荷想

196

不出主意。因人成事的人禁不住狂风暴雨。”也可以用于自谦，表示自己才干不足以做成某事。如宋代苏轼《谢徐州失觉察妖贼放罪表》："靖言其始，偶出于臣。虽为国督奸，常怀此志，而因人成事，岂足言劳。"元代李寿卿《伍员吹箫》第四折："小将因人成事，何足道哉！"

可见，"因人成事"含有批评一个人没有本领只能凭别人取得成功的意思，如果用于他人则必须谨慎，以免褒扬成批评。

【链接】不同的"人"

成语"因人而异"和"因人成事"都有"人"字，但两个"人"的含义不同。

"因人而异"的"人"是名词，泛指任何人。成语的意思是因为人不同而有所不同。如鲁迅《准风月谈·难得糊涂》："然而风格和情绪、倾向之类，不但因人而异，而且因事而异，因时而异。"

"因人成事"里的"人"则是指别人、他人，是一个代词。所以"因人成事"的意思是自己借着别人的力量才成就了事业。

"有失"带有否定义

[错例] 1. 关于股市，历来众说纷纭，有人认为市场决定收益，有人认为选好股票可以"穿越牛熊"。这两种说法其实都有失偏颇。

2. 作者在这本书中将方新认定为是方子振，似乎有失草率。

【诊断】

不明"有失"的搭配对象而致误。"有失"通常只能接褒义色彩的词作宾语，不能与贬义色彩的词连用。以上两例中，"偏颇"和"草率"都含贬义，例1可将"有失偏颇"改为"有失公允／失之偏颇"，例2可将"有失草率"改为"有失审慎／失之草率"。

【辨析】

"有失"一词的核心语素是"失"，"有失"的基本意思是"有所缺失、不足"。

这个词常见两种用法：一是带表示动作行为的词语作宾语，可以解释为"未曾，疏于"（《近代汉语大词典》），表示本应做好的事而没有做得很到位，出现了疏失，例如"有失远迎""有失考证"；二是带表示人或事物的特性的词语作宾语，表示"缺失了××"，一般指缺失了不应缺失的东西，如"有失公正""有失礼貌"。

后一种用法中，"有失"所带宾语一般为具有肯定和赞许义的褒义词，如"公正、礼貌、稳重"之类的。而"有失"带有否定义，只是比用"不""没有"在语气上显得稍缓和些，如"有失公正／礼貌"即"不够公正／礼貌"。现在的书面语中，"有失××"比较常用，但用错的情况不少，如"有失偏颇""有失鲁莽"这类带贬义词作宾语的用法就是错误的。

【链接】"有失××"与"失之××"

"有失"和"失之"都可以带人或事物特性的词语作宾语，表示在某方面有不足，但是两者所带的宾语有讲究，不可随意搭配。

"有失××"意思是"缺失了××"，所带的宾语是表示不应缺少的品质、特性的词语，因此通常是褒义词，例如"公允、慎重、稳重、斯文、体面、厚道、检点、缜密、活泼、简明"等。

"失之××"其实是"失之于××"省略了"于"的形式，意思是"过失、不足在于××"，因此后面要带的宾语就是缺陷本身，通常为贬义词，例如"偏颇、草率、急躁、粗鲁、寒酸、油滑、放荡、粗疏、呆板、繁琐"等。

杂糅而成的"鱼目混杂"

[错例] 1.互联网金融创新浪潮势不可当，但大潮之下，难免鱼目混杂，泥沙俱下，在良莠不齐的发展过程中，有"劣币驱逐良币"的可能。

2.尽管文献多、史料全，但由于良莠不齐、鱼目混杂，且受到政治因素、社会因素等时代背景的影响，要写好当代史不是一件容易的事。

【诊断】

结构杂糅致误。"鱼目混杂"是一个生造的词，是将"鱼目混珠"和"鱼龙混杂"两个成语错配嫁接而成的。上面两个例句中的"鱼目混杂"均应改为"鱼龙混杂"。

【辨析】

"鱼目混珠"原作"鱼目为珠"，也作"鱼目似珠""鱼目混珍"。出自汉代魏伯阳《周易参同契》："鱼目岂为珠，蓬蒿不成槚。"这句话的意思是：怎能拿鱼眼睛充当珍珠，也不能把蓬蒿当成楸树（一种乔木）。后世就用"鱼目混珠"比喻拿假的冒充真的，用质劣的冒充质优的。如鲁迅《热风·随感录五十三》："学几句世界语，画几笔花，也是高雅的事，难道也要同行嫉妒，必须声明鱼目混珠，雷击火焚么？"

"鱼龙混杂"指鱼和龙混在一条河里，常用来比喻各色人等混在一起，好坏难分。如唐代无名氏《渔父》词："风搅长空浪搅风，鱼龙混杂一川中。"清代《红楼梦》第九十四回："现在人多手乱，鱼龙混杂，倒是这么着，他们也洗洗清。"柳亚子《南社纪略·我和南社的关系》："因为发展团体起见，招呼的人太多了，不免鱼龙混杂。"

"鱼目混杂"将"鱼目混珠"与"鱼龙混杂"杂糅，从字面意思上看，是说把鱼眼睛混在了一起。把没什么价值的东西混在一起，不能用来形容真假事物或好人坏人混在一起。

【链接】"鱼目混珠"与"鱼龙混杂"

"鱼目混珠"与"鱼龙混杂"虽然形近，但在组词结构和词义上均有不同。

从结构上看，两者有较大区别。"鱼目混珠"可分解成"鱼目—混—珠"，名词"鱼目"接动词"混"再接名词"珠"，构成"主—谓—宾"结构。"鱼龙混杂"可以分解成"鱼—龙—混杂"，先是名词"鱼"和"龙"并列，然后和动词"混杂"构成主谓结构，

从词义来看，虽然两个成语都有"混在一起"的意思，但"鱼龙混杂"主要是指好的和不好的混杂在一起，是一种状态、情形的呈现，多用来指人。而"鱼目混珠"则指把坏的混在好的里面，往往是一种有意冒充的行为，多用来指事物。

"帐本"应为"账本"

[错例] 1. 打开帐本，资金空空；看看厂房，破烂不堪：工厂面临倒闭。

2. 一般来说，个人经常用的有现金存款日记帐本和银行存款日记帐本，这两种帐本简单好用。

【诊断】

误用《第一批异形词整理表》已明确的不规范词形。"账本"与"帐本"是一对曾长期并存并用的异形词（同音同义但书写形式不同的一组词语）。国家发布的《第一批异形词整理表》规定"账本"为推荐词形，"帐本"为不规范词形。故以上两例中的"帐本"均应改为"账本"。

【辨析】

"账本"与"帐本"曾长期并存。要弄清两个词的纠葛，必须知道"帐""账"两个字的历史演变。表示与账目有关的意思，最初其实使用的是"帐"。"帐"是一个形声字，因为古人常把账目记于布帛之上，所以用"巾"作形旁用来表义。"账"字相对晚出，薛居正主持编撰《旧五代史》时用了"账"字。后来，"账"字分担了"帐"表示与财物出入记载相关的那部分意思。长期以来，"账本"和"帐本"并用的情况很常见。

中华人民共和国教育部、国家语言文字工作委员会在2001年12月19日发布《第一批异形词整理表》，明确规定"账本"为推荐词形，"帐本"为不规范词形。在新出版的《现代汉语词典》和《现代汉语规范词典》中，都只有"账本"词条，而没有了"帐本"。但是在日常生活中，我们经常看到使用"帐本"的情况，应予以纠正。

　　同理，"账单、账户、账号、账目、报账、借账、欠账、还账"等是正确词形，相应的"帐单、帐户、帐号、帐目、报帐、借帐、欠帐、还帐"等是不规范词形。

【链接】与钱财有关的"贝"

　　"贝"是一个象形字，甲骨文和金文的字形就像海贝的形状。古时曾以贝壳为交易货币，后来人们就用"贝"作偏旁造了很多形声字。如"财、贸、贪、贫、贿、赂、贺、赢、赃、贡、赏、赌、赠、贤、贵、费、贱、购、贩、货、账、贷、贾、资、贯、赚、赊、贼、赔、赐、赎"等汉字，这些字都以"贝"作形旁，也都与钱财宝物或商品贸易有关。

　　还有一些汉字原本字形里是有"贝"字的，只是在被规范简化后没有了"贝"，如"宝（寶）、买（買）、卖（賣）"等。

"振振有词"实无理

[错例] 1.这几个人对着诸位菩萨一一行礼，口中还振振有词地念叨着："菩萨饶恕我们吧！"

2.春节晚会上，杜老振振有词地替海灯法师念他的即席诗一首。

【诊断】

不明成语"振振有词"的意义致误。这个成语形容自认为理由很充分，说个不休，使用时也往往带有贬义色彩。例1形容嘴里说个不停，例2形容说话神气十足、声音高亢，用"振振有词"都有不当，可分别改为"反反复复"和"慷慨激昂"。

【辨析】

"振振"在古汉语中可用来指鸟儿群飞的样子，如《诗经·鲁颂·有駜》："振振鹭，鹭于下。"毛传："振振，群飞貌。""振振鹭"指成群高飞的白鹭。引申指高亢、骄矜的样子。如《公羊传·僖公九年》："葵丘之会，桓公震而矜之，叛者九国。震之者何？犹曰振振然。"何休注："亢阳之貌。""振振然"就是骄矜傲慢的样子。

"振振有词"也作"振振有辞"。《现代汉语词典》释为"形容理由似乎很充分，说个不休"，《现代汉语规范词典》释为"形容自以为理由充分，说个没完"。两个解释分别给"理由充分"加了限定词"似乎"和"自以为"，言下之意强调说话人理由"似乎"很充分，或者"自以为"很充分，然而其实不充分，甚或根本没理由，至少对其理由充分怀有疑问。故"振振有词"就是明明没有理由却仍强词夺理，说个不停，明显含有贬义。

因此，如果只是为了表达说话理直气壮、滔滔不绝，并非无理取闹之义，就不宜使用"振振有词"。

【链接】一道高考题

2013年普通高等学校招生全国统一考试（新课标1卷）有一道选择题，题目是这样的：

下列各句中，加点的成语使用恰当的一项是（　　）

A. 他性格比较内向，平时沉默寡言，但是一到课堂上就变得振振有词，滔滔不绝，所以他的课很受学生欢迎。

B. 泰山几千年来都是文人墨客们向往的圣地，在浩如烟海的中华典籍中，留下了众多颂扬泰山的诗词文章。

C. 张经理语重心长的一席话，如电光石火，让小余心头淤积的阴霾顿时消散，再次燃起争创销售佳绩的激情。

D. 迅速崛起的快递行业，经过几年的激烈竞争，大部分企业都已经转行或倒闭了，市场上只剩他们几家平分秋色。

此题答案是选项B，选项A、C、D中成语使用得都不恰当。其中选项A中"振振有词"形容理由似乎很充分，说个不休。此处不合语境，词语的感情色彩也不对。

何来"震耳发聩"？

[错例] 1. 那不勒斯球迷用震耳发聩的鞭炮和锣鼓声作为庆祝他重返国际赛场的贺礼。

2. 这些先烈的名言，可说是用鲜血和生命写成的。字字珠玑，光彩夺目，掷地有声，震耳发聩。

【诊断】

杂糅"震耳欲聋"和"振聋发聩"致误。汉语中并无"震耳发聩"一词，"震耳发聩"是杂糅了"震耳欲聋"的前半部分和"振聋发聩"的后半部分而成的。例1中用来形容鞭炮和锣鼓声音很大，应改为"震耳欲聋"。例2中用来形容文字具有震撼、唤醒人的作用，宜改为"振聋发聩"。

【辨析】

"震耳欲聋"与"振聋发聩"两个成语都含"聋"字，"震"与"振"两个字也音同义近，词义都与声音响亮对人的影响相关。但两者词义有别，不能随意裁剪嫁接。

"震耳欲聋"是兼语式结构成语，意思是把耳朵都快要震聋了。其中"震"是"震动"之义，"欲"表示"将要"。成语常用来形容声音很大。如沙汀《呼嚎》："每座茶馆里都人声鼎沸，而超越这个，则是茶堂倌震耳欲聋的吆喝声。"

"振聋发聩"是并列式结构成语，也作"发聋振聩"。"发"义为开启，"聩"义为耳聋，本义是发出很大的声响，使聋人也能听见，常用来比喻用语言文字唤醒糊涂的人。如郭沫若《"娜拉"的答案》："然在革命初期总须得有一二

206

壮烈的牺牲以振聋发聩，秋徐二先烈在这一点上正充分完成了他们作为前驱者的任务。"

在语言实际使用中，"震耳欲聋"一般直接使用其本义，即形容声音很大。"振聋发聩"则多用其比喻义，表示语言文字对人的唤醒作用。将两个结构、含义不同的成语任意拆装组合出来的"震耳发聩"，自然就不知所云了。

【链接】"震"与"振"

"震"和"振"都有摇动、抖动的意思，但字义的来源不同。

"震"本义指霹雳、疾雷，如《左传·隐公九年》中有"大雨霖以震"。引申为动词，指剧烈摇动、颤动，如《后汉书·张衡传》："果地震陇西。"

"振"本义是救助，如《国语·鲁语上》有"陷而不振"。后来常用的引申义为举起、摇动、挥动，如《楚辞·渔父》："新沐者必弹冠，新浴者必振衣。"

同样表示摇动、晃动的意思，"震"多指物体猛烈地颤动，往往是突如其来、没有规律的，而且多是具有破坏性的，如"震耳欲聋"。再引申出指内心强烈的波动，如"震惊"。"振"则一般不具备突发性，其结果多为积极的或者中性的，如"振臂""共振"。进而可引申出振作、奋起之义，如"振奋人心"。

"捉刀"指代写文章

[错例] 1.可如今樊哙病死，将来的兵权又该交给谁？吕太后手中虽然有刀，但终究不能亲自捉刀！

2.有许多朋友喜欢在学习、工作之余，提笔捉刀一些散文、诗歌、小说之类的文章。

【诊断】

不明"捉刀"典故的确切含义致误。"捉刀"用来表示替他人代写文章，不能按字面意思理解为用手拿刀，也不能用来表示一般的写作。例1是要表示手拿刀具，可以将"捉刀"改为"持刀"或"拿刀"。例2并非表示代人写文章，可将"捉刀"改为"写"。

【辨析】

"捉刀"典出《世说新语·容止》。有一次匈奴派使者送来了大批礼物并要求面见曹操。曹操认为自己的长相不足以代表国家形象，就叫长得仪表堂堂、威武不凡的武将崔琰穿上他的衣服，假扮成曹操代为接见匈奴使者。曹操自己则拿着书刀站在崔琰的坐榻旁，从旁边观察匈奴使者。接见完毕，曹操派人暗中打听匈奴使者的反应，使者说："魏王雅望非常，然床头捉刀人，此乃英雄也。"意思是说："魏王固然仪表出众，可是站在坐榻旁拿着书刀的那个人，看来倒是一位了不起的英雄！"

"捉"有握住、拿住的意思；"刀"是古代在竹木简上刻字或修改错字的小型工具，和笔的作用类似，又称"书刀"或"刀笔"。"捉刀"就有点像今天说的"握笔""拿笔",曹操充当的"捉刀人"就相当于会议现场做文字记录的秘书。后来就用"捉刀"来指"代别人写文章",也就是"代笔"的意思。

要用对"捉刀"一词,首先要准确理解"刀"指的不是作为武器的刀具,而是刀笔。其次,"捉刀"仅限于指替人代写文章,而不能用于指自己写作。

【链接】"刀笔"与"雌黄"

今天我们用纸笔书写出现错误时,常用橡皮擦或修正液、修正带之类的工具。而用电脑处理文档时,修改错别字只需要用删除键或撤销功能等就可以轻松实现。

古人修改错别字的方法和今人不同。在纸普及之前,人们把字写在竹简或木牍上面,一旦写错了字,就用刀把墨迹削去。刀就是最古老的改错工具。"删除"的"删"字从册从刀,"删"指用刀把简册上的错字或多余的字削掉。笔和刀都是基本的书写工具,古代的文职人员往往随身携带,所以他们被称为"刀笔吏"。

纸出现后,古人发明了用雌黄矿物制作的涂改材料。古时用的纸发黄,而雌黄也是黄色的,纸被涂改后便可重新书写了。有些人以为反正可以修改,写字时不够用心,被称为"信笔雌黄",后演变为"信口雌黄",用以形容不负责任的言论。

古人修改书写错误的方法,反映了不同时代人们的智慧。但即使有了修改工具,我们也应保持谨慎的态度,避免错误。

自我夸耀称"自诩"

[错例] 1.这位被工友和用户众口称赞的专家，却自诩是"求知路上的小学生"。
2.面对世人的质疑和攻击，赫胥黎自诩"达尔文的斗犬"，与各界人士展开辩论。

【诊断】

不明"自诩"的词义而致误。"自诩"义为自我夸耀，含有贬义。以上两例中，专家称自己是"求知路上的小学生"，赫胥黎称自己是"达尔文的斗犬"，都不是夸耀自己，使用"自诩"不合适，可改为"自称"。

【辨析】

《说文解字》解释："诩，大言也。从言，羽声。""诩"是个形声字，"言"是形旁，表示字义与言语有关，"羽"是声旁，表示它的读音。至于为什么"诩"表示说大话、夸耀的意思，有观点认为，"羽"作为偏旁在"诩"字里表音兼表义，表示语言像鸟的羽毛一样漂亮却轻飘不合实际，即语言浮夸并有炫耀的意思。如《汉书·扬雄传上》："然至羽猎、田车、戎马、器械储偫禁御所营，尚泰奢丽夸诩，非尧、舜、成汤、文王三驱之意也。"清代黄遵宪《闭关》："墙头山自好，何必诩神仙。"这两例中的"诩"使用的都是本义。

"自诩"即夸耀自己，自我吹嘘。如邹韬奋《暴敌最近进攻的惨败》："暴敌军事当局对他们所自诩的'五月攻势'，已承认失败。""自诩"明显含有贬义。

【链接】"自许"与"自诩"

"自诩"被误用，很重要的原因是与"自许"混淆了，两者不但音同而且义近。

在现实生活中有时候适度地夸奖自己，给自己较高的评价，也是常有的、合情合理的事情，甚至被视为自信的一种表现，这时就不能用含有贬义的"自诩"，而可以用"自许"。"自许"意思是"自我称赞"或"自命"，如"左宗棠曾自许为当今的诸葛亮""爸爸自许为做菜能手"。比较而言，在表示夸大的程度上，"自诩"词义更重，而"自许"词义较轻。在感情色彩方面，"自许"是中性词，而"自诩"是一个贬义词。我们在使用时，应注意加以区别。